DEXIA

VIE ET MORT D'UN MONSTRE BANCAIRE

Création graphique : Thierry Oziel
Maquette : Stéphanie Lebassard

31, rue Faidherbe, 75011 Paris
www.lespetitsmatins.fr

ISBN : 978-2-36383-050-0
Diffusion Seuil
Distribution Volumen

Pierre-Henri Thomas

DEXIA
VIE ET MORT D'UN MONSTRE BANCAIRE

{ LES Petits matins }

SOMMAIRE

Devant le spectacle des marchés financiers modernes, nous avons parfois été tentés de croire que si, à l'instar du mariage, les opérations d'investissement étaient rendues définitives et irrévocables, hors le cas de mort ou d'autre raison grave, les maux de notre époque pourraient en être utilement soulagés ; car les détenteurs de fonds à placer se trouveraient obligés de porter leur attention sur les perspectives à long terme et sur celles-là seules.

John Maynard Keynes,
Théorie générale de l'emploi, de l'intérêt et de la monnaie

Organigramme simplifié de Dexia (avant le démantèlement d'octobre 2011)

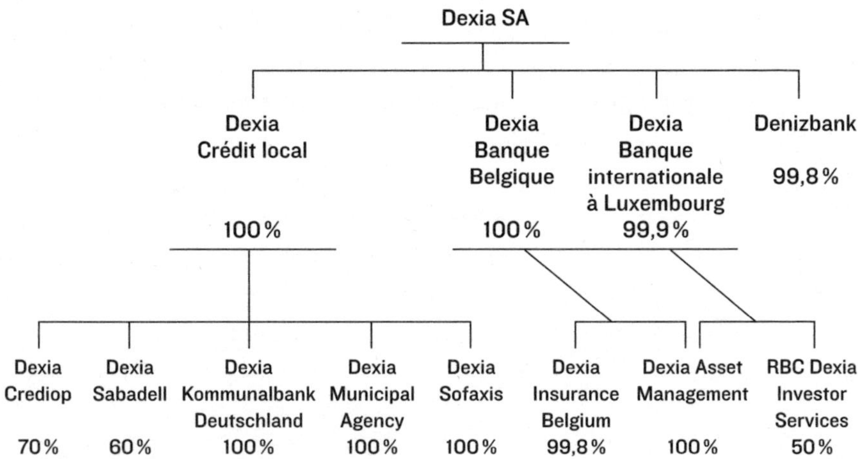

Source : rapport annuel de Dexia

Avant-propos

LE MYSTÈRE DES ARNOLFINI

Ou pourquoi l'histoire d'une banque peut être le reflet condensé de la mégalomanie des banquiers, de l'égoïsme des nations et des faiblesses de l'Europe

Le visiteur qui, à Londres, arpente la nouvelle aile de la National Gallery, construite il y a près de trente ans grâce à la générosité des Sainsbury, tombe invariablement en arrêt, dans l'une des premières salles, devant le portrait des époux Arnolfini, réalisé en 1434. Jan Van Eyck y représente un riche marchand toscan et sa jeune épouse. Ils sont campés dans une chambre à coucher, debout à côté d'un lit à baldaquin. Lui pose un regard de biais qui porte bien plus loin que la scène présente. Demain porte la certitude de richesses à venir. Il tient dans sa main la main de sa femme, paume ouverte. Elle regarde son époux et caresse de sa main libre son ventre épanoui par la promesse d'une future naissance.

Ce tableau fascine depuis six siècles. C'est l'un des premiers portraits non hagiographiques de la Renaissance flamande. La position des mains des deux époux a donné lieu à de nombreux commentaires. Mais, surtout, le chef-d'œuvre montre en son centre un petit miroir convexe qui reflète la totalité de la pièce, le dos des jeunes époux et même, au loin, Jan Van Eyck lui-même, se mettant en scène en train de peindre le tableau. Une partie qui reprend le tout. C'est l'un des plus fameux exemples de ce qu'on appelle la mise en abyme.

Ce que l'on sait moins, c'est que, dans les pays nordiques, ces miroirs avaient leur utilité : ils étaient souvent placés près d'une fenêtre pour éclairer une pièce trop sombre. On les appelait « miroirs de sorcière ». Ne renvoyaient-ils pas une image difforme des objets et des êtres? On les soupçonnait de receler quelque mystère malfaisant. Certains les appelaient aussi « miroirs de banquier ». Car, en un coup d'œil, un homme d'argent pouvait embrasser l'ensemble d'une pièce et s'assurer que ses coffres gonflés de richesses n'étaient l'objet d'aucune convoitise.

Le groupe Dexia, dont la chute menace les finances de la Belgique et de la France, est l'un de ces miroirs. Tout à la fois miroir de banquier, miroir aux maléfices et mise en abyme des impuissances de l'Europe. L'histoire du groupe permet en effet de toucher du doigt la fragilité existentielle de la zone euro, la folle stratégie des banques des années 2000, et les maléfices et les potions toxiques qui ont causé la mort d'un certain système.

Pour celui qui veut peindre l'Europe financière des dix dernières années, Dexia en reflète, en miniature, les mythes, les erreurs et les maladies. On y voit en effet des banquiers mégalomanes, des nations obnubilées, parfois jusqu'à l'aveuglement, par la défense de leur intérêt national et une Europe génétiquement malade parce qu'elle n'a pas rassemblé tous les chromosomes nécessaires à l'élaboration d'un système financier sain et solide.

Qui a tué Dexia? Finalement, un peu tout le monde. La réponse n'est ni très originale ni très percutante. Pourtant, après des années passées à étudier ce dossier, il nous apparaît que le management de la banque, s'il est évidemment le premier accusé, n'est certainement pas le seul. Les instances législatives européennes, et surtout le Conseil (les chefs d'État et de gouvernement à la base des traités qui ont créé l'union monétaire et les accords destinés à « sauver » la Grèce), portent une lourde responsabilité. De même que les régulateurs qui ont laissé se développer ce modèle d'institutions financières que l'on portait aux nues… jusqu'à ce que la faillite de Lehman Brothers vienne jouer le rôle de révélateur et montre, derrière ces grands groupes transnationaux aux bilans pesant plusieurs fois le PIB de leur pays d'origine, la réalité monstrueuse dont ils étaient porteurs.

Plongeons notre regard dans le miroir Dexia.

PREMIÈRE PARTIE
LA CONQUÊTE DU MONDE

Il est un peu après minuit ce lundi 10 octobre 2011. La lumière brille encore au trente-troisième et dernier étage de la tour Dexia, ce long bâtiment de verre qui domine la gare du Nord, à Bruxelles. Les dix-huit administrateurs du groupe franco-belge tiennent depuis le dimanche à 15 heures un conseil d'administration crucial. « Le plus dur de ma vie », dira l'ancien Premier ministre belge Jean-Luc Dehaene, qui préside la réunion. Son objet : tout simplement acter le démantèlement du groupe. Touché par la crise de 2008, et malgré les efforts colossaux entrepris par le management pour le sauver, Dexia n'a pas pu résister à l'aggravation de la crise de la zone euro.

Les administrateurs se voient proposer une issue : que les trois États actionnaires reprennent les bons actifs, et qu'on laisse dans la structure la masse d'actifs dormants, essentiellement des gros portefeuilles obligataires, invendables en l'état, en espérant trouver un moyen de les financer jusqu'à ce qu'ils arrivent à échéance. Le Luxembourg aura une participation minoritaire dans la BIL (Banque internationale à Luxembourg), qui sera acquise par des Qataris ; la France rebâtira sur les ruines de son Crédit local une nouvelle banque destinée à financer les collectivités locales ; et la Belgique rachètera Dexia Banque. L'entité la plus tonique, la banque turque Denizbank, sera également cédée.

Pierre Mariani, l'administrateur de Dexia, a les traits tirés. Il n'a dormi que quelques heures sur toute la semaine qui vient de s'écouler, mais surtout, dans quelques instants, les administrateurs vont donner leur approbation à la vente à l'État belge de Dexia Banque Belgique (DBB). Il s'est battu trois ans avec Jean-Luc Dehaene pour maintenir la cohésion de l'ensemble, mais il a échoué. L'opération est douloureuse. « Comme deux frères siamois que l'on sépare l'un de l'autre », dira-t-il plus tard. L'instant est solennel. Au moment d'appuyer sur le bouton « fin », les administrateurs, chacun à leur tour, se lèvent pour apposer une épitaphe sur la tombe du groupe et justifier leur vote. Administrateurs indépendants, représentants français puis belges, chacun prend la parole à tour de rôle. Certains se refusent encore à admettre la chute de Dexia et demandent que l'on acte, dans le procès-verbal, qu'ils posent un « vote de résignation ».

Le dernier à parler est Pierre Mariani. Il ne peut contenir son émotion et laisse couler ses larmes. La cession de Dexia Banque Belgique est actée. C'est la fin du groupe qui voulait devenir le leader mondial du financement des collectivités locales, et le début de problèmes qui pèseront probablement encore longtemps sur la Belgique et la France.

Les racines du mal

Les racines du mal qui a rongé Dexia, mais aussi, plus généralement, une grande partie du système bancaire, remontent à une vingtaine d'années.

On a oublié le climat qui régnait au milieu des années 1990, mais c'est lui qui est à l'origine de l'expansion débridée du secteur financier en Europe. Dans le monde bancaire, à l'époque, l'anticipation de l'arrivée de l'euro, fixée au 1er janvier 1999, a déclenché une sorte d'hystérie collective. La croyance alors en vigueur est que, désormais, il faudra se battre dans un marché unique et que seuls les géants survivront. Les banques ont jusqu'alors été relativement protégées par l'existence des devises nationales, qui rendaient plus difficile l'arrivée d'un établissement étranger sur leur territoire, mais voilà qu'avec l'euro une banque belge ou française peut se trouver en concurrence directe avec un géant allemand ou italien sur son marché domestique.

Dans son allocution du Nouvel An 1996, François Narmon, le patron du Crédit communal de Belgique (CCB), banque spécialisée dans le financement des pouvoirs locaux, résume parfaitement l'appréhension qui règne dans le monde bancaire non seulement belge mais européen, évoquant « un marché où l'on sera confronté à des concurrents qui ne sont pas légèrement plus grands ou plus petits, mais des institutions financières qui peuvent engager trois à quatre fois plus de moyens que nous. Elles s'appellent BNP, Dresdner Bank, ABN Amro ou Deutsche Bank. À l'heure actuelle, nous sommes grands sur un petit marché. À l'avenir, nous serons petits sur un grand marché, et cela fait toute la différence ».

En Europe, le monde bancaire réfléchit donc à la nécessité de gonfler les investissements, à la fois pour adapter l'architecture informatique à une zone monétaire de 300 millions de personnes et pour enclencher une stratégie commerciale agressive, afin de pouvoir affronter des concurrents dix fois plus nombreux et attirés, eux aussi, par ces marchés qui s'ouvrent soudain à leurs portes.

Poussées par leurs autorités nationales, les institutions financières européennes s'engagent dans une vague de fusions et d'acquisitions. Le but? La course à la taille, pour ne pas être soi-même mangé et pour pouvoir aborder ce nouveau grand marché de front. Mais aussi la course au pouvoir. La plupart des dirigeants de banque rêvent d'amener leur groupe dans le petit peloton des vingt ou trente plus grandes banques qui domineront l'Europe quelques années plus tard.

C'est là le décor dans lequel évoluent deux banques moyennes, toutes deux spécialisées dans le financement des collectivités locales : le Crédit local de France et le Crédit communal de Belgique. Deux institutions qui vont bientôt être poussées dans les bras l'une de l'autre.

Main basse sur la CAECL

Au début des années 1980, le financement des collectivités, en France, était une prérogative de l'État. Une collectivité qui désirait financer un projet d'infrastructure devait se plier à un processus uniforme : elle allait voir le délégué régional de la Caisse des dépôts, lui présentait son plan d'investissement et en ressortait avec son crédit. Crédit dont le montant était déterminé par ce qu'on appelait alors la « bible » de la Caisse des dépôts : un ensemble de règles permettant de définir de manière quasi algorithmique le montant de l'enveloppe que la Caisse consentirait en fonction de la taille de la collectivité, de celle du projet, des coûts de financement et du montant de la subvention de l'État.

Le prêt principal était financé par la Caisse des dépôts à un taux avantageux. Il s'accompagnait d'un prêt de complément plus onéreux, fourni par la Caisse d'aide à l'équipement des collectivités locales (CAECL), le département le plus prestigieux de la Caisse des dépôts. Ce système faisait des mécontents : la Caisse étant une puissance politique, certaines collectivités proches du pouvoir étaient naturellement un peu plus choyées que d'autres. La différence de rémunération entre le taux privilégié offert par la Caisse, qui se finançait grâce aux dépôts, et celui octroyé « aux conditions du marché » par la CAECL, qui se finançait sur fonds d'emprunts[1], faisait grincer les dents de pas mal de collectivités locales.

C'est alors que le paysage politique local se trouve animé par un vaste processus de décentralisation. Certaines collectivités y voient l'occasion de créer une vraie banque à leur service. Un haut fonctionnaire aussi : Pierre Richard, un polytechnicien X-Ponts. Ce Bourguignon d'origine, catalogué barriste, passe un temps par le cabinet de Valéry Giscard d'Estaing avant d'être nommé, en 1978, directeur général des collectivités locales au ministère de l'Intérieur. Il y écrit les lois de décentralisation et se fait un réseau de relations politiques éclectique qui lui permet de survivre à l'élection de François Mitterrand en mai 1981. Sa vaste connaissance des collectivités et le soutien qu'il apporte au processus de décentralisation l'aident aussi à se maintenir en poste. Et même à être nommé, en janvier 1983, directeur général adjoint de la Caisse des dépôts, avec une responsabilité directe sur la CAECL. Dans l'organigramme de la Caisse, il vient flanquer l'ancien chef de cabinet de Pierre Mauroy, Robert Lion, placé peu avant à la direction de l'institution. Pour respecter l'équilibre politique qui régit habituellement l'institution de la rue de Lille, un barriste décentralisateur fait naturellement contrepoids à un socialiste.

1. En 1981, la différence entre les deux taux était de 7 %.

Indéniablement, sous l'impulsion de Pierre Richard, la CAECL se transforme et grandit. Elle accompagne la croissance des financements des collectivités locales, dont assez logiquement les besoins augmentent à proportion que la décentralisation s'accentue. Entre 1982 et 1986, la dette long terme des collectivités locales françaises augmente de 40 %[2].

En 1986, la CAECL est le premier financier des collectivités locales, avec 45 % de parts de marché, mais elle se sent corsetée dans son statut trop rigide. Ne doit-elle pas tenir deux comptabilités, l'une en tant qu'établissement administratif, l'autre comme établissement bancaire ? Ne doit-elle pas, dans l'exercice de son activité bancaire, se plier à des règles inadaptées à la rapidité des marchés ? Ainsi, lorsqu'elle veut modifier les taux de ses emprunts, elle est d'abord tenue d'en référer à ses deux ministres de tutelle, celui de l'Économie et celui de l'Intérieur. Elle est aussi obligée de placer ses excédents de trésorerie auprès du Trésor public.

Pierre Richard, soutenu par son président du conseil d'administration, le socialiste Maurice Pourchon, songe à faire prendre l'air à cette CAECL qui ne demande qu'à voler de ses propres ailes. Avec lui, naturellement, au poste de pilotage. L'occasion se présente juste après les élections législatives de mars 1986, qui consacrent la cohabitation. Le gouvernement Chirac n'a que quelques jours d'existence lorsqu'il prend une loi de finance rectificative qui, parmi un paquet de mesures allégeant l'impôt, décide, en compensation, de prélever 2 milliards de francs sur les réserves

2. Voir Patrick Eveno, *Le Crédit local de France. De la CAECL à Dexia, dix années au service du financement du cadre de vie*, Éditions locales de France, Paris, 1997.

de la CAECL. « La somme correspond au montant que la CAECL aurait dû payer si elle avait été soumise à l'impôt comme une banque privée », dit-on au gouvernement.

Les collectivités voient dans cette opération une dangereuse ponction affaiblissant « leur » banque, et Pierre Richard parvient à négocier qu'en échange de ces 2 milliards le gouvernement annonce une révision des statuts de la CAECL afin que ce type d'opération ne puisse se renouveler. « Si l'État puise trop dans les réserves, cela risque de se traduire par une réduction de notre capacité d'émission dans le marché, et donc, finalement, par une baisse contrainte de notre volume de prêts », argumentent les patrons de la CAECL.

L'établissement désire aussi avoir les coudées plus franches pour affronter la libre circulation des capitaux qui doit permettre, à partir de 1992, à des concurrents européens de venir le taquiner sur son marché local. La réforme est profonde : Alain Juppé, alors ministre du Budget, explique que l'on s'oriente vers une « désétatisation, grâce à une responsabilisation accrue des collectivités locales dans la gestion ». Mais les choses traînent. Elles restent près d'un an en l'état. Pierre Richard commence à s'impatienter. C'est alors qu'il va réaliser ce que d'aucuns qualifient de putsch.

Le 19 mai 1987, Jacques Chirac préside un comité interministériel sur les finances locales, et le communiqué à l'issue de la réunion stipule qu'« une réforme des statuts de la CAECL, propre à accroître son autonomie de gestion pour faciliter son insertion dans les mécanismes du marché, sera engagée ». Le soir même, Pierre Richard convoque la presse et annonce la transformation de la CAECL en société anonyme ! Du côté de la Caisse des dépôts, on frise la syncope : on lui vole son département le plus prestigieux à son nez et à sa barbe. Mais il est trop tard. Personne ne reviendra sur cette décision et, pendant l'été, le Trésor et la CAECL travaillent à transformer cette administration en société anonyme de droit privé. Le montage prévoit que l'État prenne 47,5 % de ce qui s'appellera le Crédit local de France (CLF), que la Caisse des dépôts en conserve 25 %, et que le solde, soit 27,5 %, soit vendu de gré à gré à de grands investisseurs, essentiellement français.

Le dossier est prêt… lorsque survient le krach du 19 octobre 1987. On hésite un moment mais, finalement, le Crédit local place ses actions au début du mois de novembre et, le 18 décembre, la répartition est connue. On voit alors qu'une banque belge, le Crédit communal de Belgique, détient 3,5 % du CLF, dont le comité de direction est formé d'un quatuor que l'on retrouvera chez Dexia : Pierre Richard, Jacques Guerber, Rembert von Lowis et Gilles Benoist.

Les années qui suivent sont une période de croissance à deux chiffres : entre 1987 et 1991, le total du bilan passe de 153 à 285 milliards de francs, et le résultat net de 625 millions à 1,075 milliard.

Le CLF poursuit son émancipation et désire de plus en plus ardemment devenir une banque cotée en Bourse. La récession économique qui frappe la France au début des années 1990, après la guerre du Golfe, lui en fournit l'occasion. Le gouvernement d'Édith Cresson cherche de nouveaux moyens budgétaires, une mise en Bourse du CLF est un moyen tout indiqué pour lui en procurer.

Le décret de vente des actions et l'arrêté fixant leur prix doivent être signés la veille du début de l'offre publique, soit le lundi 18 novembre 1991. Mais, les jours précédents, les marchés boursiers sont très chahutés. Le ministre de l'Économie, Pierre Bérégovoy, est sur le point de se rétracter :

« La Bourse chute, la Banque de France rehausse ses taux pour soutenir le franc, cela ne paraît pas être un moment adéquat pour mettre du nouveau papier sur le marché », dit-il. Pierre Richard, pourtant, ne s'avoue pas battu. Il fait le siège du cabinet du ministre, et son obstination lui vaut d'être reçu quelques instants, le temps d'arracher un accord : « OK, concède Pierre Bérégovoy, si la Bourse remonte ce lundi après-midi, le décret sera signé. » Elle remonte légèrement en fin de journée, et c'est ainsi que le CLF effectue son entrée en Bourse de Paris.

Sous l'impulsion de Pierre Richard, le CLF va fonder une bonne partie de sa croissance en se développant, déjà, fortement à l'étranger. En effet, dès la fin des années 1980, le marché français tiédit : il ne permet plus d'assurer les mêmes taux de croissance qu'entre 1983 et 1987. Pour piloter ce développement international, Pierre Richard va, en 1990, chercher un homme : Roland Hecht, qui dirige alors la succursale londonienne de la BNP (Banque nationale de Paris).

Le premier mouvement du CLF à l'étranger date de 1989-1990. Il consiste à se rendre aux États-Unis et à prendre une participation de 5 % dans MBIA, un assureur couvrant auprès des investisseurs le risque qu'une municipalité américaine ne rembourse pas ses obligations[3].

Le CLF prend donc pied à New York, puis en Espagne et au Royaume-Uni. Il devient actionnaire majoritaire d'Hypothekenbank, en Allemagne. Ainsi, en 1996, les nouveaux engagements du CLF à l'étranger se montent à 39 milliards de francs, ce qui représente pratiquement la moitié du total des engagements pris cette année-là par la

3. Tiens... Ne sera-ce pas aussi le métier de FSA, la filiale américaine achetée par Dexia en 2000 et qui lui causera tant de soucis ?

banque. Déjà le rêve de l'expansion internationale, mais déjà aussi une fragilité bilantaire : face à ces amples engagements à l'international, comment se finance le CLF ? Puisqu'il n'a pas de dépôts de particuliers, il se tourne naturellement vers le marché obligataire français, puis, de plus en plus, étranger.

« De 1987 à 1996, écrit Patrick Eveno, le montant des émissions obligataires du CLF a plus que doublé, pour atteindre près de 54 milliards de francs en 1996. Dans le même temps, la part de l'international a crû considérablement, jusqu'à représenter, selon les années, 80 à 95 % du total des nouveaux emprunts[4]. »

Le CLF sait qu'il est à la merci d'un retournement des marchés, et cherche dès lors une alliance avec une grande banque de dépôt. En France, les grands établissements regardent avec un brin de mépris cette excroissance de la Caisse des dépôts mais, si l'on passe la frontière, les attitudes semblent plus amicales. Surtout du côté du Crédit communal de Belgique, qui présente toutes les caractéristiques pour faire un bon mariage, et dont Pierre Richard connaît bien le patron, François Narmon. Voilà des années qu'ils se côtoient au sein du conseil d'administration du CLF, ainsi que lors des assemblées du Crédit local international, l'association qui regroupe les banques spécialisées dans le financement des pouvoirs publics.

Les cosmonautes belges

Vénérable institution fondée par le ministre libéral Walthère Frère-Orban en 1860, au temps où la Belgique

4. In *Le Crédit local de France, op. cit.*

était l'une des quatre grandes puissances industrielles du monde, le Crédit communal de Belgique est une banque coopérative, dont les membres sont les communes et les provinces belges. Après la Seconde Guerre mondiale, il développe un réseau d'agences pour recueillir les dépôts des particuliers. Il devient, au fil des ans, le champion des « bons de caisse », un produit typiquement belge : ce sont des obligations émises par les banques à destination des particuliers. Elles sont pratiquement toujours au porteur et constituent, davantage que les obligations d'État, le placement typique du père de famille. Grâce à ses bons de caisse, le Crédit communal dispose d'une source de financement certes un peu onéreuse, mais stable et abondante.

L'institution prend réellement son envol sous la houlette de Marcel Van Audenhove, qui dirige la banque de 1959 à 1979. Vingt années au cours desquelles le bilan de l'établissement sera plus que décuplé (passant de 48 à 580 milliards de francs belges) et qui verront se créer un nouveau réseau d'agences assurant la collecte de l'épargne. Réseau qui se déploie à partir de 1960 et connaît un développement rapide : 330 agences en 1970, 950 en 1978.

Un certain François Narmon, fils d'une famille modeste, réussit l'examen d'entrée au Crédit communal alors qu'il est encore au service militaire. Nous sommes en 1957 et il a 23 ans. Il gravit les échelons jusqu'à être remarqué à la fin des années 1970 par Marcel Van Audenhove, qui en fait son poulain.

Problème : François Narmon est certes un vrai Bruxellois, donc parfaitement à l'aise dans les deux langues, français et néerlandais, mais il n'a aucune carte de parti. Or, dans l'équilibre politique qui a toujours régné, c'est désormais à un socialiste francophone que doit échoir le fauteuil de Van Audenhove : le puissant président des socialistes francophones, André Cools, n'en démord pas. Mais Marcel Van Audenhove tient bon : « Ce sera François Narmon, ou c'est moi qui reste », dit-il. André Cools est furieux, mais il doit s'incliner. François Narmon prend donc la tête de la banque en 1979 et il lui imprime une dynamique impressionnante : entre la fin des années 1980 et 1996, année de la fusion avec le CLF, son bénéfice sera multiplié par cinq pour atteindre les 10 milliards de francs belges. Toutefois, cette politique n'est pas unanimement appréciée. Au fil du temps, on critique François Narmon pour sa mégalomanie. Les directeurs de la banque des communes auraient à ce point la tête dans les étoiles qu'ils sont surnommés « les cosmonautes ».

François Narmon ne se fait pas que des amis dans le monde politique. Il s'oppose en 1992 au rôle que le gouvernement belge veut lui faire jouer dans la restructuration des « institutions publiques de crédit ». Cette réforme impose au Crédit communal de racheter la Société nationale de crédit à l'industrie et l'Office central de crédit hypothécaire, ce dernier étant en difficulté parce qu'il avait financé ses prêts à long terme en recourant à des crédits à court terme. Le projet porté par le ministre des Finances d'alors, Philippe Maystadt, doit se traduire par la transformation du Crédit communal en holding bancaire. François Narmon n'apprécie pas ce plan, qui veut, explique-t-il, « imposer au Crédit communal la mise en place d'une structure de holding lourde, peu adaptée à nos besoins et activités, et nous soumettant à un contrôle renforcé de la part de l'État. À ces inconvénients s'ajoutent des risques financiers non négligeables ». Il met tellement de mauvaise volonté face à cette réorganisation du paysage bancaire voulue par le gouvernement qu'il arrive à ses fins : le Crédit communal reste libre.

La banque déploie entre-temps sa propre stratégie pour affronter la libre circulation des capitaux et l'arrivée prochaine de l'euro. Son premier mouvement consiste à réaliser une grande acquisition à l'étranger. L'homme d'affaires wallon Albert Frère, avec qui François Narmon entretient une relation amicale (ne sont-ils pas tous les deux des autodidactes ?), lui en apporte l'occasion. Il veut sortir de la finance et propose son bloc de 50 % du capital de la BIL (Banque internationale à Luxembourg), détenu par ses holdings : Groupe Bruxelles Lambert (GBL) et Pargesa. Pour prendre le contrôle de la plus ancienne banque luxembourgeoise – banque de dépôt mais aussi grande banque privée pour une clientèle internationale –, François Narmon met le prix : il débourse 10 milliards de francs belges. « La BIL, c'est le premier grand coup de poker de Narmon. On risquait la moitié de nos fonds propres », commentera plus tard Luc Onclin, successeur de François Narmon à la tête de Dexia Banque.

À l'annonce du prix, beaucoup ricanent : « Trop cher ! Albert Frère a encore fait une victime ! », mais ils ravaleront rapidement leurs sarcasmes. Huit années plus tard, la BIL vaudra quatre fois plus et Albert Frère demandera sous forme de boutade : « Dis, François, tu ne veux pas me la revendre ? Je crois que j'ai fait l'erreur de ma vie… » Pourtant, cette expansion n'est pas suffisante. Au cours de la première moitié des années 1990, tous les banquiers belges observent avec appréhension ce qui se passe au-delà des frontières. Et notamment aux Pays-Bas, où les Néerlandais travaillent à la création de deux mastodontes, ING et ABN Amro, qui ont d'ailleurs des visées sur les joyaux bancaires du plat pays.

Dans ce contexte, même avec la BIL, le Crédit communal se trouve encore trop petit. Le patron du Crédit communal a une autre idée : la « grande banque belge » ! C'est d'abord un projet politique, porté par le gouverneur de la Banque nationale de Belgique : le pays doit posséder son champion national, sa « grande banque » qui pourra supporter l'arrivée de l'euro. Pour cela, il faut fusionner deux ou trois des plus grandes banques du pays. On y pense au cours de cette année 1995. Au début, il ne s'agit que de marier la Générale de Banque avec sa grande rivale, la Banque Bruxelles Lambert (BBL), permettant au passage à Albert Frère, actionnaire de BBL, de valoriser son bloc d'actions. Mais l'union des deux institutions n'est pas suffisante pour faire jeu égal avec les concurrents néerlandais.

Dans les grandes manœuvres bancaires de cette année 1995, le Crédit communal envisage une fusion avec la Générale de Banque, la première banque privée du pays, mais celle-ci, on l'a vu, est également en pourparlers avec la BBL, sa concurrente. On évoque alors un ménage à trois, mais les négociations patinent car il apparaît que, dans le nouvel ensemble, les grands actionnaires privés (Suez, GBL, et l'assureur Royale Belge) seraient minorés par les communes, qui seraient regroupées dans une société holding. François Narmon envisage aussi une alliance avec la BBL et l'assureur Royale Belge, deux entreprises dans lesquelles Albert Frère a des intérêts qu'il désire céder. Le projet échouera là aussi, parce que la mise de fonds demandée dépassait la capacité du Crédit communal.

Pas de grande banque, donc, pour de multiples causes, mais une plus que toute autre : l'ego. « Chacun voulait être le patron », se souvient aujourd'hui un proche du dossier. Ces ratages n'inquiètent pas François Narmon car il a un autre fer au feu : s'il n'est pas possible de faire une grande banque entre Belges, faisons-la avec un partenaire étranger, mais vite. Et s'il faut un partenaire étranger, il n'est pas nécessaire d'aller chercher bien loin : il y a le Crédit local de France.

« Pour Narmon, comme pour nous d'ailleurs, deux solutions étaient à envisager, rappelle Pierre Richard. Soit trouver des partenaires dans notre pays d'origine, soit chercher des alliances à l'extérieur. Lorsque, à la fin de 1995, il est apparu que le projet de grande banque belge réunissant le CCB, la Générale de Banque et la BBL n'avait guère de chance d'aboutir, le mariage CCB-CLF s'est imposé comme une évidence[5]. »

La question d'un partenariat poussé entre les deux établissements fait partie des thématiques régulièrement abordées entre les deux hommes lorsqu'ils se côtoient au sein du conseil d'administration du CLF. Il prend toutefois un tour concret lors de l'été 1995, au cours d'une rencontre des deux patrons au festival d'Avignon. Le flirt s'engage. On essaie de tenir le plus grand secret car quelques points sensibles restent à résoudre. La fusion nécessite que les deux sociétés soient cotées en Bourse. Or, à l'époque, la banque belge ne l'est pas. En outre, en Belgique, chaque dossier comporte toujours une résonance linguistique. Les communes et provinces flamandes, actionnaires du Crédit communal, risquent de mal prendre une union avec une banque française. On imagine donc, sans trop y croire, d'associer un troisième larron, la Bank voor Nederlandse Gemeenten, la banque des communes néerlandaises, qui détient elle aussi un petit bloc d'actions du CLF. Cette

5. Interview de Pierre Richard dans *Le Soir* du 5 novembre 1996.

dernière n'entrera toutefois jamais vraiment dans les négociations, jugeant toute union transnationale impraticable. Il s'agissait seulement de ne pas présenter un projet trop francophone...

Patatras ! Les négociations sont éventées. Des rumeurs de rapprochement entre le CLF et le CCB apparaissent dès le mois de février 1996 dans la presse belge et, le 14 mars, le plan est dévoilé dans le quotidien financier néerlandophone *De Financieel ekonomishe Tijd*. « Fallait-il démentir ou confirmer ? Finalement, explique Pierre Richard, nous avons décidé de dire qu'un projet était effectivement à l'étude. À partir de ce moment, tout est allé très vite. »

La joyeuse entrée en Bourse

Avant même cette fuite dans les médias, Pierre Richard presse François Narmon. Dès le mois de février, il lui envoie un échéancier pour que le mariage soit bouclé en neuf mois. Le plus gros du travail doit s'effectuer en Belgique : le CLF est déjà une entreprise cotée. Le CCB ne l'est pas. Il faut convaincre le gouvernement belge, piloté alors par un démocrate-chrétien flamand, un certain Jean-Luc Dehaene, que la Bourse est la voie obligée. Il faut aussi arracher l'accord des communes belges. Enfin, sur le plan « industriel », les deux banques ne peuvent s'appuyer sur aucun projet antérieur similaire : il s'agit de constituer la première grande alliance bancaire transfrontalière en Europe. Ni plus ni moins.

François Narmon rend donc visite au Premier ministre, Jean-Luc Dehaene, à son ministre des Finances, Philippe Maystadt, et au gouverneur de la Banque nationale de Belgique, Fons Verplaetse. Il obtient assez facilement leur accord pour une entrée en Bourse. Dans ces années 1992-1993, la dette publique belge atteint un sommet : 138 % du PIB ; en 1996, elle est encore à 130 %. Une entrée en Bourse du Crédit communal apportera une manne providentielle aux communes, réduira leur endettement et, partant, le ratio d'endettement de la dette publique belge.

On fusionne, d'accord. Mais à quelle parité ? Les banques Morgan Stanley et Rothschild vont évaluer les deux promis. Elles aboutissent à donner un prix légèrement supérieur au CLF[6], qui, pour se dégonfler un peu, distribuera un dividende extraordinaire. Aujourd'hui encore, cette valorisation reste en travers de la gorge de certains hauts cadres du Crédit communal : « En Belgique, tout le monde s'est senti floué, dit aujourd'hui l'un d'eux. Le CCB valait plus que le CLF[7]. »

Convaincre les pouvoirs locaux belges, qui détiennent la banque à 100 %, c'est autre chose. D'une part, les communes craignent que leur banque, en s'engageant dans une telle opération, ne développe plus avec elles les relations amicales qui prévalaient jusqu'alors, leur permettant de se financer relativement facilement et à bon marché. Le Crédit communal réalisait en effet l'essentiel de ses marges dans ses activités de banquier pour les particuliers. Et puis la Flandre craint une francisation de l'institution : lorsque le projet est rendu public, les communes

6. Les banques d'affaires valorisent le CLF à 96 milliards de francs belges, ou 16 milliards de francs français, contre 92 milliards pour le CCB.
7. La comparaison CLF-CCB au moment de la fusion donne ceci (en milliards de francs français) :

	CLF	CCB
Produit net bancaire :	3,8	8,8
Résultat net :	1,6	1,6
Fonds propres :	20,8	13
Bilan :	506,7	619

flamandes prennent conscience qu'elles ne sont pas majoritaires. Elles ne contrôlent que 44 % du capital (contre 37 % pour les communes wallonnes et 19 % pour les bruxelloises).

Lors de l'assemblée historique du 14 octobre 1996, les communes belges disent cependant oui à une très large majorité, car François Narmon les rassure : « Rien ne change dans la gestion opérationnelle de la banque, affirme-t-il face aux actionnaires. La parité linguistique au sein du comité de direction continuera à être respectée et, dans ce groupe bancaire européen, chacune des deux composantes gardera son identité propre. » Une semaine auparavant, les actionnaires du CLF avaient eux aussi entériné le projet.

Ce mariage franco-belge est toutefois très particulier. Primo, chacun des établissements continue de faire chambre à part et reste maître chez soi. Secundo, la fusion se justifie non par des synergies poussées entre les deux entités, mais par une complémentarité financière. La banque belge a des excédents de dépôts, alors que, face à son développement international, la banque française se trouve devant un problème de financement : elle ne peut solliciter sans limites le marché international des capitaux.

Il faut choisir un nom. L'agence mandatée pour ce travail finit par en proposer deux : Probis et Dexia. Ce dernier l'emporte. Ce nom, justifient les spécialistes en marketing, commence de manière tonique et se termine par des sonorités douces qui expriment la confiance et le service. Entre les deux, il y a ce X qui symbolise cette participation croisée. Et qui renvoie aussi aux deux canons croisés de l'insigne de l'École polytechnique, d'où sortent Pierre Richard et d'autres managers du CLF.

Dexia en 1996

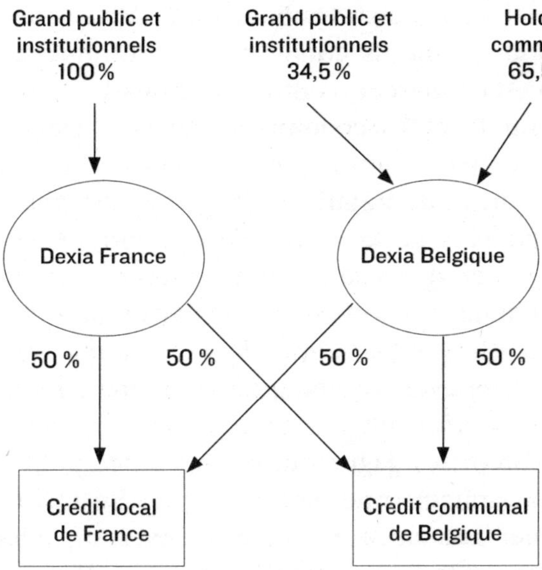

La nouvelle structure ressemble à s'y méprendre à celle qui a été mise en œuvre peu auparavant pour une autre fusion transnationale, réalisée entre l'assureur belge AG et l'assureur néerlandais Amev, et qui donnera naissance à Fortis : deux holdings, l'un français, l'autre belge, cotés en Bourse, détiennent chacun 50 % des deux entités opérationnelles française et belge. Une solution complexe mais qui présente l'avantage de ne pas devoir choisir entre l'un et l'autre pays.

Le 20 novembre 1996, c'est l'apothéose : c'est le jour de l'introduction la plus importante jamais réalisée à l'époque en Bourse de Bruxelles. Les communes et les provinces belges, qui ont regroupé leurs intérêts dans la banque au sein d'une structure baptisée « Holding communal », vendent 34,5 % de leurs actions, ce qui leur permet de récolter 34 milliards de francs belges.

Le jour même de l'introduction en Bourse du Crédit communal, Pierre Richard publie dans *Le Monde* une lettre ouverte pour le moins conquérante. « L'impérialisme américain est en marche, écrit-il. Les États-Unis éclatent de santé sur le plan économique. Dans le classement des cent premières entreprises mondiales en termes de capitalisation, la domination américaine est plus forte que jamais : plus de la moitié de ces entreprises sont américaines, et il n'y a aucune entreprise française. L'avènement de la monnaie unique dans moins de deux ans est une chance historique. Une économie conquérante doit s'appuyer sur une grande monnaie mondiale [...]. En se renforçant sur leur marché intérieur, les grandes entreprises gagneront en puissance pour développer leur stratégie internationale. [...] En fusionnant pour donner naissance au groupe Dexia, au bilan de 1 000 milliards de francs, [le CLF et le CCB] comptent trouver une vigueur nouvelle qui leur permettra d'accentuer leur développement international et de devenir sans complexe le numéro un mondial du financement des équipements collectifs. »

Quelques semaines plus tard, en décembre 1996, face à plusieurs centaines de bourgmestres belges, François Narmon entonne le même refrain : « Il faut désormais donner du contenu à ce nouveau groupe en structurant son développement international. L'objectif est surtout de réaliser des acquisitions dans les principaux pays européens où le groupe n'est pas encore installé. Dexia s'est assigné comme mission de devenir d'ici à la fin du siècle un groupe financier européen, voire mondial. » Numéro un mondial : le terme est lâché. La stratégie est en route. Elle ne s'arrêtera plus.

L'Empire byzantin

Pendant quelques mois, on apprend à se connaître. Ou du moins on essaie. Le patron belge du Crédit communal est un fervent adepte des séminaires à la campagne, pour penser stratégie ou simplement motiver les membres de la direction : les cadres de la banque belge se retrouvent une fois par an dans un des hôtels que possède l'institution, à Spa ou à Blankenberghe, en bordure de la mer du Nord. Pourquoi ne pas en faire un réunissant une bonne centaine de hauts cadres belges et français ?

La réunion, qui se tient au Club Med de Vittel en octobre 1997, restera mémorable, marquant le fossé d'incompréhension qui séparera toujours les deux parties du groupe. Il était prévu que les participants soient à un moment costumés et participent au moins à une épreuve physique (tir à l'arc, corde à nœuds, etc.). Pierre Richard choisit de porter un uniforme de général nordiste de la guerre de Sécession et s'inscrit à l'épreuve d'équilibre sur un cheval de bois. Les Belges attendent le patron français au tournant : ne se vante-t-il pas d'être un cavalier émérite ? Las, il ne remporte pas l'épreuve, battu par une cadre belge. Et tout le clan du CCB de s'esclaffer, devant un Pierre Richard furieux.

L'épisode est symbolique : pendant toutes ces années, chacun reste chez soi et toise l'autre avec ironie ou arrogance. « Ce conseil d'administration baignait dans une atmosphère d'Empire byzantin, affirme Daniel Lebègue, ancien patron de la Caisse des dépôts, qui y a fait un court passage. Les politiques étaient en force, et leurs sièges étaient répartis entre Flamands et Wallons, chrétiens-démocrates et sociaux-démocrates, parlementaires français de la majorité et de l'opposition. À deux ou trois administrateurs près, aucun n'était compétent en matière bancaire. » Assassin, Daniel Lebègue ajoute que, plutôt que piloter la banque dans son développement, les administrateurs ne s'intéressent qu'à deux choses : « Le montant et la progression du dividende, et la défense des intérêts locaux au détriment de celui du groupe[8]. »

Ce couple est bancal, et pourtant il part immédiatement à la conquête du globe. La première conquête intervient quatre mois après la mise en place de l'alliance, dès le mois de février 1997. Dexia achète 40 % de Crediop, le numéro deux du financement des collectivités locales italiennes, à la banque Sanpaolo, participation qui sera portée à 60 % près de deux ans plus tard, puis à 70 % en 2001.

En 1998, Dexia veut développer sa base de dépôts : il dispose d'un vaste réseau de collecte en Belgique, au Luxembourg, mais toujours pas en France. Pourquoi ne pas mettre la main sur le réseau des banques régionales CIC ? Mais l'opération capote. Il se lance aussi dans la gestion d'actifs en achetant UBS Asset Management. Un an plus tard, après avoir échoué à s'unir au grand assureur mutualiste belge Smap, le groupe jette son dévolu sur une autre compagnie d'assurances belge, nettement plus modeste, Elvia. Et il acquiert les 39 % de la BIL qu'il n'avait pas encore. Il se renforce encore dans la banque privée en mettant la main sur la BIMP, qui deviendra Dexia Banque privée France.

8. Cité par *Challenge*, « Dexia, histoire d'une union fatale », 17 novembre 2011.

« Two holdings, two shares, too complicated »

Mais la structure croisée de Dexia handicape cette marche victorieuse. À Bruxelles, un bon mot circule en coulisses : *« Two holdings, two shares, too complicated »*.

« La prise de conscience que la structure bipolaire constituait un réel frein ne s'est révélée de façon éclatante que lors de l'offre combinée sur la BIL, qui portait sur 40 milliards de francs belges (6,5 milliards de francs français), un montant somme toute relativement modeste, mais qui nous a obligés à réaliser une gymnastique invraisemblable », explique François Narmon au quotidien financier belge *L'Écho* quelques jours après l'opération.

Il faut donc fusionner. Comment ? Le plus simple est de lancer une offre publique d'échange (OPE) de Dexia Belgique sur Dexia France, OPE favorisée par le cours plus favorable des actions belges. « Je dois vous dire que cela n'a pas été facile. Il a fallu convaincre les autorités françaises pour qu'elles acceptent que le groupe Dexia devienne une entreprise belge, une société de droit belge », rappelle Pierre Richard[9].

Les patrons de Dexia présentent leur projet une première fois à Dominique Strauss-Kahn, alors ministre français des Finances. C'est non : « Le financement des collectivités locales est une activité jugée trop stratégique pour être confiée à des mains étrangères », dit celui-ci en substance. Pourtant, les grandes manœuvres dans un tout autre champ vont le forcer à revoir sa position. Au cours de l'année 1998, Total prépare une OPA sur le fleuron industriel belge PetroFina. Le pétrole aussi,

9. Audition devant le Parlement belge, le 2 décembre 2011.

c'est stratégique. Il y aura donc un donnant-donnant : la Belgique accorde son feu vert à l'OPA sur PetroFina ; la France admet que Dexia devienne une société belge, mais avec une exigence.

« La condition très claire qui a été posée par le camp français était formulée ainsi : "Nous souhaitons qu'il soit inscrit dans les documents constitutifs du groupe que le pouvoir sur le métier de financement des collectivités locales doit être exercé par des Français et que le siège de décision pour cette activité doit rester à Paris" », rappelle Axel Miller, qui dirigera Dexia de janvier 2006 à octobre 2008[10].

Cet accord politique entériné, on parvient à convaincre les bourgmestres belges réticents d'avaliser l'OPE lors d'une assemblée historique qui se tient fin octobre 1999 dans un grand hôtel bruxellois. L'OPE, bouclée le 8 novembre, est un succès : les actionnaires de Dexia France ont apporté 94 % de leurs titres. Un conseil d'administration de vingt membres est constitué : huit Belges, huit Français et quatre étrangers. Il est présidé par François Narmon, et Pierre Richard devient le patron d'un groupe prêt désormais à se lancer dans de grandes opérations.

Vagues d'achats

Celles-ci ne tardent pas. Dès la constitution de la nouvelle structure, on apprend fin novembre 1999 que Dexia prend une participation de 20 % dans le Crédit du Nord, un investissement d'environ 300 millions d'euros. Puis le groupe va réaliser quatre grandes acquisitions en 2000 et en 2001 qui seront très lourdes de conséquences pour la suite.

10. Audition devant la Commission parlementaire belge le 25 novembre 2011.

Tout d'abord, en mars 2000, Dexia met la main sur la banque privée néerlandaise Labouchère, prestigieuse entre toutes (n'est-elle pas le banquier de la maison royale d'Orange ?), pour 900 millions d'euros, et sur FSA, un assureur américain spécialisé dans le rehaussement de crédit pour les municipalités, pour 2,6 milliards d'euros. Cette entrée de plain-pied sur le marché du rehaussement de crédit aux États-Unis fait de Dexia, *de facto*, le plus grand groupe mondial de services financiers aux collectivités locales.

Parallèlement, Dexia constitue une joint-venture active dans le financement des pouvoirs locaux avec Banco Sabadell, en Espagne. Décidément insatiable, le groupe réalise peu après une augmentation de capital de 2,3 milliards d'euros pour lui permettre de poursuivre ses acquisitions. Un nouvel achat intervient en mai 2001, lorsque le groupe lance une offre publique d'achat sur la banque néerlandaise Kempen & Co ; l'OPA réussit et, en juillet, Dexia devient propriétaire pour 1 milliard d'euros de cet établissement spécialisé dans la banque privée et la gestion d'actifs. Surtout, il met la main, pour 3,3 milliards, sur Artesia Banking Corporation, une grande banque universelle belge.

Créée au départ à partir de la banque coopérative du Mouvement ouvrier chrétien, Artesia s'est développée dans les assurances, dans la gestion d'actifs, dans la banque d'affaires et dans la banque privée (en acquérant les activités de Paribas Belgique) pour devenir, en cette année 2001, une institution forte d'un bilan de 75 milliards d'euros et d'un réseau de 580 agences en Belgique. L'apport d'Artesia renforce la position de Dexia comme deuxième grand bancassureur belge. Dans l'actionnariat, cette acquisition renforce aussi la position belge.

Désormais, aux côtés du Holding communal, voilà un autre grand actionnaire, le groupe Arco (le véhicule financier du Mouvement ouvrier chrétien), qui entre à hauteur de 15,34 % au capital de Dexia.

En trois ans, de 2000 à 2002, Dexia dépense 8 milliards d'euros et se renforce partout : dans son premier métier (le financement des collectivités), mais aussi dans la banque pour les particuliers, la banque privée, l'assurance, la gestion d'actifs… Clairement, la stratégie du groupe ne consiste pas seulement, comme cela avait été annoncé à sa naissance, à doubler sa capitalisation et à devenir le premier financier mondial des pouvoirs locaux. Elle est tout simplement de faire partie du fleuron des banques européennes universelles et de peser au moins 20 milliards d'euros de capitalisation boursière, chiffre qui constitue le billet d'admission pour les grands indices boursiers mondiaux.

Tuiles belgo-néerlandaises

Ce développement à bride abattue va toutefois rapidement montrer ses limites. Il ne suffit pas d'acheter, encore faut-il réaliser une bonne acquisition au bon prix. Or, au moment même où Dexia réalise ses plus gros investissements, le climat financier s'alourdit. À partir de mars 2000, l'inflexion de la politique monétaire de la Fed (banque centrale américaine) donne un coup d'arrêt à la folle hausse des marchés. Les boursiers qui avaient caressé l'idée qu'Internet et les télécoms allaient porter la productivité des pays occidentaux à des sommets himalayens et engendrer une croissance sans inflation tombent de haut. Les fraudes comptables de grands groupes américains puis les attentats du 11 septembre 2001 précipitent cette déprime.

Manque de chance – et de feeling –, c'est à ce moment que Dexia achète la banque Labouchère pour 900 millions d'euros à l'assureur néerlandais Aegon, qui réalise, dit-on, une plus-value de 700 millions sur l'opération !

Il faut revenir un instant sur la manière dont Dexia achète cette banque néerlandaise, car elle explique et résume les problèmes de gestion de risque et de gouvernance qui mineront le groupe par la suite. Le dossier est apporté par le patron de la BIL, André Roelants, qui connaît Joseph Streppel, un des directeurs de l'assureur Aegon. On demande au Crédit communal, principal actionnaire de la BIL, de déléguer à Amsterdam une petite équipe de quatre ou cinq personnes afin de réaliser un audit de cette acquisition potentielle. « On nous a d'abord présenté le produit phare du groupe, Legio Lease, un crédit à la consommation permettant d'acheter des actions, qui se révélera par la suite être un Titanic financier », se souvient un de ces auditeurs, que nous avons retrouvé. Aegon déroule le tapis rouge. Un « séminaire » sur Legio Lease regroupe quelques *happy few* : le patron de la BIL, Joseph Streppel et les auditeurs. Il se tient à l'Amstel Hotel, l'établissement le plus prestigieux des Pays-Bas. « L'audit n'avait pas encore commencé que nous avions l'impression, à voir comment se comportaient les patrons d'Aegon et de la BIL, que le deal était déjà fait. »

Les auditeurs passent ensuite quelques jours dans la *data room*, où les candidats acquéreurs peuvent consulter les documents relatifs à la société. Ce qu'ils y découvrent les effraie : il y a notamment des documents du gendarme bancaire néerlandais, la Banque centrale des Pays-Bas, qui soulignent un risque potentiel sur ces contrats Legio Lease. Leur rapport d'audit est dès lors sans appel. « Notre avis était négatif sur toute la ligne », témoigne notre homme, mais il n'en a pas été tenu compte...

Pourtant, ces experts avaient raison : l'acquisition tourne rapidement au désastre. Legio Lease s'avère en effet un produit particulièrement explosif : il consiste à prêter de l'argent à des investisseurs afin de leur permettre d'acquérir des actions en leasing (location-vente). Il est favorisé par la fiscalité néerlandaise, qui permet de déduire les frais d'emprunt. Jusqu'au début des années 2000, porté par l'euphorie boursière, Legio Lease fait un tabac : 350 000 Néerlandais ont signé ce contrat pour lequel Labouchère a accordé 4,2 milliards d'euros de crédits. Dexia veut même commercialiser ce produit en Belgique, mais le gendarme bancaire belge, la CBFA (Commission bancaire, financière et des assurances), le lui interdit, jugeant l'instrument trop risqué.

C'est bien vu : pratiquement au moment même où Dexia rachète Labouchère, la Bourse se retourne et les Néerlandais revoient leur fiscalité. En présentant les résultats de Dexia au troisième trimestre 2002, le groupe avoue 0,5 milliard d'euros de pertes sur cette activité. Au final, le trou avoisinera le milliard. Le passif des clients néerlandais à l'égard de la banque, estimé alors à 1,3 milliard d'euros, passe en effet à plus de 3 milliards lorsque, au printemps 2003, les indices boursiers atteignent un plancher. Sur les 350 000 clients, 116 000 sont dans l'incapacité d'honorer leurs traites. La moitié traînent Dexia en justice, estimant qu'ils n'ont pas été correctement informés. Il est vrai que la plupart des démarchages se faisaient par téléphone.

Le conflit s'envenime. Dexia se retourne contre Aegon, mais est également pressé par le ministère néerlandais des Finances d'en finir. Il faudra une intervention de l'ancien patron de la Banque centrale européenne, Wim Duisenberg, pour clore ce chapitre, dont les conséquences pèseront lourdement sur la stratégie de Dexia par la suite. La banque Kempen est revendue pour une bouchée de pain en 2004. Et la banque Labouchère, rebaptisée Dexia Bank Nederland, est mise en liquidation.

« Ces deux banques néerlandaises vont coûter à Dexia 3 milliards brut (prix d'acquisition, pertes, impact de la cession) », estiment deux administrateurs belges de Dexia, Francine Swiggers et Marc Tinant, représentant le groupe Arco, qui ajoutent : « Ces 3 milliards n'apparaissent pas dans les comptes car le régulateur de l'époque donne les dérogations *ad hoc* à Dexia : le *"goodwill"* payé dans Kempen et Labouchère n'est pas amorti, mais déduit des fonds propres. Sans ces dérogations, ces acquisitions auraient été difficilement envisageables. Les résultats ne vont donc jamais refléter ces pertes[11]. »

Parallèlement, une autre acquisition se révèle empoisonnée : Artesia, en Belgique. Car, dans le portefeuille de crédits apportés par la banque, il y a des prêts à une société qui voulait être le Microsoft belge : Lernout & Hauspie, le spécialiste de la reconnaissance vocale. Mais la SEC (Securities and Exchange Commission), le gendarme boursier américain, se penche sur cette société à la croissance très – trop – rapide qui, en trois ans, atteint une capitalisation de 10 milliards de dollars. En août 2000, c'est le coup de tonnerre : le *Wall Street Journal* dévoile qu'une grande partie de ces ventes sont fictives. L&H retombe comme un soufflé. Le Crédit communal de Belgique est l'une des rares banques belges à s'être méfiées de la société et à ne pas lui avoir accordé de crédit. Artesia, au contraire,

11. Interview dans *Le Soir* du 24 novembre 2011.

a été prodigue et, en rachetant le groupe bancaire, Dexia connaît cette situation puisque 111 millions d'euros sont déjà provisionnés. Le groupe ignore en revanche que ces crédits vont lui empoisonner l'existence pendant de longues années.

Car Dexia doit aussi faire face à deux class actions, des procédures groupées d'actionnaires mécontents, l'une en Belgique, l'autre aux États-Unis : les actionnaires de L&H lui reprochent d'avoir aggravé le désastre en accordant des crédits alors que la banque connaissait la situation réelle de l'entreprise. En février 2007, le groupe décide d'en finir et de verser 46 millions d'euros aux actionnaires américains afin d'éteindre cette procédure qui commence à lui coûter cher : ses frais d'avocats se montent alors à 1 million d'euros par mois.

Pour couronner le tout, alors que l'assureur FSA est à peine acquis, les crédits structurés accordés aux collectivités locales commencent à faire parler d'eux[12]. « Au conseil d'administration, tout le monde se tenait par la barbichette, se remémore un administrateur : on reprochait aux Luxembourgeois de la BIL d'avoir apporté Labouchère ; on reprochait aux Belges Lernout & Hauspie ; et les Français étaient accusés d'avoir fabriqué et vendu ces crédits toxiques, et d'avoir acheté Kempen et Labouchère. »

Premier dérapage bilantaire

Pour doper ses résultats malgré tout, Dexia, sous la houlette de Pierre Richard, réagit sur plusieurs fronts. D'abord, le groupe investit des marchés moins mûrs, dans

12. Sur les crédits structurés, voir la leçon 5 de la troisième partie.

lesquels il y a encore des possibilités de faire des marges et de la croissance. Dexia s'implante ainsi en 2004 en Pologne et en Australie. En 2005, il obtient une licence bancaire au Canada et au Mexique, et s'installe en Roumanie, en Bulgarie et en République tchèque. Dans ses vieux marchés, comme la France et la Belgique, il va essayer de substituer aux prêts classiques devenus peu rentables des crédits structurés, qui le sont nettement plus. Dexia va aussi travailler sa rentabilité par action : entre 2003 et 2005, il rachète pour 1,7 milliard d'euros de ses propres actions.

Et puis le groupe va se constituer, surtout en 2004, un portefeuille de placements composé d'obligations de bonne qualité et géré par le pôle Trésorerie et Marché financier du groupe. Ce portefeuille, qui pesait déjà 35 milliards d'euros en 2000, on va le faire gonfler de sorte qu'il affiche, fin 2005, 63 milliards d'euros. L'idée, déjà, est de jouer sur la différence entre les taux à court terme auxquels la banque finance ce portefeuille et les taux à long terme que procurent ces obligations. Une justification supplémentaire est avancée : ce portefeuille peut, en cas de nécessité, servir de réserve de liquidités. Si jamais la banque venait à manquer de ressources en cash, elle pourrait toujours en avoir, soit en mettant ces obligations en pension, soit, plus simplement, en les vendant.

En 2004, a lieu aussi la passation de pouvoir au sein de Dexia Crédit local, le pôle installé à Paris qui pilote le premier métier : Jacques Guerber passe le flambeau à Bruno Deletré, jeune et brillant inspecteur des finances sorti de l'ENA, promotion Fernand Braudel (1987), qui est également celle de Nicolas Bazire et de Frédéric Oudéa.

À partir de 2004, Dexia décide donc de gonfler son bilan. Les chiffres parlent d'eux-mêmes : le total passe en vingt-quatre mois de 350 à 508 milliards d'euros sans qu'il y ait vraiment une grande acquisition extérieure… Ce n'est pas faute, pourtant, d'avoir essayé.

Un flirt sans accord parental

Dans le courant de l'année 2004, le management de Dexia se décide à frapper un grand coup. Son conseil d'administration lui a donné le feu vert pour envisager une nouvelle grande opération de croissance externe. C'est d'ailleurs la mode. On reparle de fusions transfrontalières depuis qu'Abbey National, le grand fournisseur de crédits immobiliers britannique, a été racheté par l'Espagnol Santander.

C'est alors que Pierre Richard se rapproche du patron de Sanpaolo IMI, la troisième banque italienne : 7 millions de clients, 3 168 agences. Une union avec Dexia propulserait ce nouveau couple, fort d'une capitalisation boursière de 37 milliards d'euros, dans le top 5 des banques de la zone euro, derrière la française BNP Paribas, les espagnoles BSCH et BBVA et au même niveau que la Deutsche Bank.

Qui a pris les premiers contacts ? Certains disent que l'idée aurait été soufflée à Pierre Richard par un associé gérant de la banque Lazard. Ce que dément l'intéressé lorsqu'il est interrogé par les parlementaires belges en novembre 2011 : « C'est une initiative du CEO[13] de Sanpaolo – pas de Dexia, je tiens à le dire –, qui était favorablement impressionné par la réussite de Dexia et avait proposé que nous puissions étudier ensemble l'éventualité d'une alliance. »

Ce projet d'alliance se négocie en secret entre Pierre Richard et le patron de la banque italienne… jusqu'à ce

---

13. *Chief executive officer* (administrateur délégué).

qu'il soit dévoilé dans la presse financière belge. Dans le clan belge, on s'insurge : « Les Français veulent nous faire un enfant dans le dos », disent les grands actionnaires, qui critiquent l'absence de réelle synergie entre les deux établissements et craignent de perdre leur rôle d'actionnaires de référence. Dans ce nouvel ensemble, le poids des Belges serait divisé par deux. Ils risqueraient aussi, puisque Sanpaolo génère moins de bénéfices que Dexia, de percevoir un dividende amoindri. Et ils se trouveraient avec des actions italiennes dans leur portefeuille, ce qui pourrait leur causer un problème d'ordre fiscal : leurs dividendes seraient imposés une première fois en Italie avant de subir un traitement fiscal en Belgique. Car, pour couronner le tout, cette union devrait prendre la forme technique d'une absorption de Dexia par Sanpaolo IMI. La banque d'Italie a souvent empêché la prise de contrôle d'une banque locale par des étrangers. Pour essayer d'emporter sa décision, c'est donc techniquement l'établissement italien qui doit absorber Dexia. Rapidement, les Belges font bloc et rejettent le projet, mais cet échec laisse des traces. Côté belge, on se méfie désormais plus encore de ce management français.

Cette fragilité est d'ailleurs perçue à l'extérieur du groupe. C'est en effet le moment que choisit Fortis, le grand concurrent belge, pour essayer d'absorber Dexia. Il réalise ses premiers travaux d'approche auprès de grands actionnaires belges. Mais il essuie rapidement un refus, notamment parce que la fusion des deux grandes banques de réseau belges provoquerait un bain de sang social. Le projet est dévoilé assez vite dans les colonnes du *Soir*, et capote.

Les jours de Pierre Richard, que certains ont soupçonné de vouloir faire ce deal italien afin de rester plus longtemps encore à la tête de Dexia (la limite d'âge n'est pas la même en Italie qu'en France ou en Belgique), sont désormais comptés. Il doit remettre fin 2005 son fauteuil à Axel Miller, un jeune et brillant avocat belge qui a assisté le Crédit communal puis Dexia depuis la fin des années 1990, comme conseil d'abord, puis comme manager, devenant même, à partir de janvier 2003, le patron de Dexia Banque, le pôle englobant l'ancien Crédit communal.

Axel Miller devient CEO, et Pierre Richard prend la place de François Narmon à la présidence du conseil. Ce nouveau tandem n'est pas aussi uni que le précédent. Entre Pierre Richard et François Narmon, il existait une estime et une compréhension réciproques : les deux hommes, d'origine familiale modeste et de grande force de caractère, avaient bâti un destin très semblable. Entre Axel Miller et Pierre Richard, les relations ne sont pas similaires : le jeune Belge est remarqué par Pierre Richard, qui l'adoube. La confiance, toutefois, n'y est pas.

« Lorsque Pierre Richard a quitté ses fonctions exécutives, fin 2005, explique Axel Miller, j'avais, sans que cela n'ait rien de personnel contre lui, fait passer un message clair à mes administrateurs et actionnaires belges : qu'il était probablement peu opportun que l'administrateur délégué précédent soit placé à la présidence du conseil d'administration. On sait tous qu'il est très difficile pour le successeur de venir devant le conseil d'administration présidé par son prédécesseur pour poser des questions critiques sur le bilan qu'il a pu laisser derrière lui[14]. » Le couple, en effet, aura des tiraillements.

14. Audition devant le Parlement belge.

Le mystère Crédit local

Où en est Dexia lorsque Axel Miller en prend le commandement, au début de l'année 2006 ? En surface, le groupe semble connaître un développement fulgurant : entre 1999 et 2005, le total du bilan fait plus que doubler, passant de 245 à 508 milliards d'euros ; le bénéfice par action est également doublé (de 0,98 euro à 1,87) ; le résultat net est presque multiplié par quatre (761 millions d'euros fin 1999, 2,75 milliards fin 1995) ; et le rendement des fonds propres est passé de 15 à 20 %.

À partir de la deuxième moitié de l'année 2005, Axel Miller n'est pas encore patron mais réfléchit à la composition d'une équipe, d'un nouveau comité de direction, à la structure et à la stratégie du groupe. « Dexia est un empilement d'entités, se dit-il. Il faut faire travailler tout ce beau monde ensemble, effectuer des arbitrages, aborder des sujets jusqu'alors tabous. Jusqu'en 2005, il n'y avait pas de risk manager au niveau du groupe ! Sur la fonction financière, il y avait des faiblesses ; nous avions peu d'informations de gestion : on nous donnait des agrégats sur les volumes, les marges, mais quid de la rentabilité par pays, par client, par produit ? »

Les interrogations du nouveau patron de Dexia se focalisent surtout sur le premier métier, le financement des collectivités locales, et le mystère du fonctionnement du Crédit local. Des interrogations qui ne datent pas d'hier. « Avec Luc Onclin (patron de Dexia Banque et numéro deux de Dexia de 2000 à 2002), depuis plusieurs années, nous ne comprenions pas le mode de fonctionnement du premier métier. Comment faisaient-ils pour afficher un résultat en hausse systématique ? Lorsque nous abordions le sujet,

Pierre Richard (alors CEO), Rembert von Lowis (directeur financier) et Jacques Guerber (patron du CLF) nous disaient : "Mais c'est simple." En fait, c'était incompréhensible[15]. »

L'exercice permet de confirmer l'intuition. Le premier métier, qui représentait 50 % des résultats, a un problème : ses marges sont sous pression depuis des années. De 50 à 60 points de base en moyenne sur la nouvelle production de crédit, on est passé, en quelques années, sous les 20 points de base. Au cours de ces années, tout le monde veut faire du crédit aux collectivités : des clients sûrs et une activité peu gourmande en fonds propres.

Pour compenser ces baisses de marges, le CLF augmente ses volumes. Or, le cabinet de conseil McKinsey & Company constate que, si cette tendance se poursuit, les besoins de financement deviendront considérables : ils s'élèvent déjà à 46 milliards en 2005, mais ils atteindraient 99 milliards en 2015. Si Dexia ne fait rien, il risque de se retrouver loin devant les organismes publics de la zone euro en termes de besoins de financement. « Il n'est pas nécessaire d'avoir fait des études de finance très poussées pour se dire qu'on a un problème si on arrive comme première signature privée devant les signatures publiques dans la zone euro », commente Axel Miller.

Ce rapport effectué avec McKinsey met aussi le doigt sur la hausse de 50 % du « gap de liquidités[16] » et sur le risque d'une augmentation des taux : la banque se trouverait alors dans la nécessité de payer son financement plus cher alors que, en face, les recettes de son portefeuille d'obligations resteraient identiques.

---

15 Entretien avec l'auteur le 21 mai 2012.

16. La différence entre les engagements long terme et les financements long terme ou, autrement dit, le recours à des instruments de dette à court terme pour financer des engagements long terme.

L'Orient-Express

Ce premier métier à la croissance exponentielle et incontrôlée, comment le brider? « Pourquoi pas en faisant de Dexia une grande banque universelle dans laquelle le premier métier ne serait qu'une activité parmi d'autres? », propose Axel Miller. Dans l'esprit de ces années d'avant Lehman Brothers, où les liquidités sont abondantes et où la croissance des résultats semble éternelle, beaucoup de groupes croient trouver les solutions à leur problème en augmentant leur taille.

« C'est la réflexion qui nous a menés en Turquie. Notre croissance n'était pas pérenne. Il fallait redimensionner notre taille », affirme encore aujourd'hui Axel Miller. Il cherche donc une acquisition. Pendant ces années, le conseil d'administration discutera d'alliances avec le Crédit mutuel, Monte dei Paschi di Siena, Banca popolare et, plusieurs fois, avec sa concurrente flamande, KBC. Mais il regarde aussi depuis un bon moment vers l'Est. Dexia fait même quelques offres, notamment sur une banque roumaine, mais sans grande conviction. Dans ces années 2005-2006, les banques d'Europe centrale qui n'ont pas encore trouvé preneur ne sont sans doute ni les meilleures ni les moins chères. Alors Dexia regarde aussi au-delà des Balkans, vers Istanbul.

Le marché turc et ses 70 millions d'habitants sont encore à défricher dans des domaines comme le crédit hypothécaire ou les cartes de crédit. Et le pays, qui converge vers les standards de l'Union européenne, a des besoins énormes en termes de financement d'infrastructures. Tout cela cadre parfaitement avec la stratégie de Dexia, qui cherche à diversifier ses revenus.

Un soir, après avoir assisté à plusieurs présentations à Istanbul, il reste un rendez-vous sur la liste : Denizbank, littéralement « la banque maritime ». C'est la dixième banque turque, elle est cotée à Istanbul et est forte, alors, de 7 milliards d'euros d'actifs, 5 800 employés, 246 agences et 1,4 million de clients particuliers[17]. Elle est pilotée depuis la fin des années 1990 par un homme d'affaires résolu, au nez creux et au charisme indéniable : Hakan Ates. Le management de Dexia est immédiatement conquis. En mai 2006, Dexia achète 75 % de Denizbank pour 2,5 milliards de dollars et les 25 % restants peu après, ce qui valorise la banque turque à 3,3 milliards de dollars, soit dix-sept fois ses bénéfices, un prix qui est immédiatement reproché à Dexia par certains analystes. Axel Miller se défend : « Nous avons acquis la banque à un bon prix. »

Une stratégie pour dix ans

Parallèlement à cette acquisition turque, Dexia boucle aussi cette fameuse revue stratégique qui doit définir ses objectifs pour les dix années à venir. L'exercice a été plus compliqué que prévu, et il n'aboutit pas à la transparence voulue. Mais bon, le fruit de ces réflexions est présenté au conseil d'administration le 23 mai 2006.

« La stratégie du groupe repose sur deux piliers, explique Axel Miller aux administrateurs. Premier pilier, le financement des projets des pouvoirs publics, le rehaussement de crédit. C'est notre premier métier. Sa taille de marché, c'est tout simplement le monde ; et l'objectif, c'est d'être leader

17. Denizbank compte aujourd'hui 11 000 employés et 600 agences, et a réalisé en 2011 un bénéfice de 270 millions d'euros.

mondial. Second pilier : la banque universelle[18]. Et là, le but est d'être un des grands joueurs européens. »

Pour ce qui touche plus particulièrement au premier métier, le management met l'accent sur l'accélération de l'expansion internationale, sur l'innovation, sur l'élargissement de la base de la clientèle publique, et sur les synergies avec FSA dans le rehaussement de crédit. Un des transparents présentés lors de la « Journée des investisseurs » organisée par Dexia en septembre 2007 est particulièrement intéressant à revoir aujourd'hui.

Revenus du portefeuille d'activités

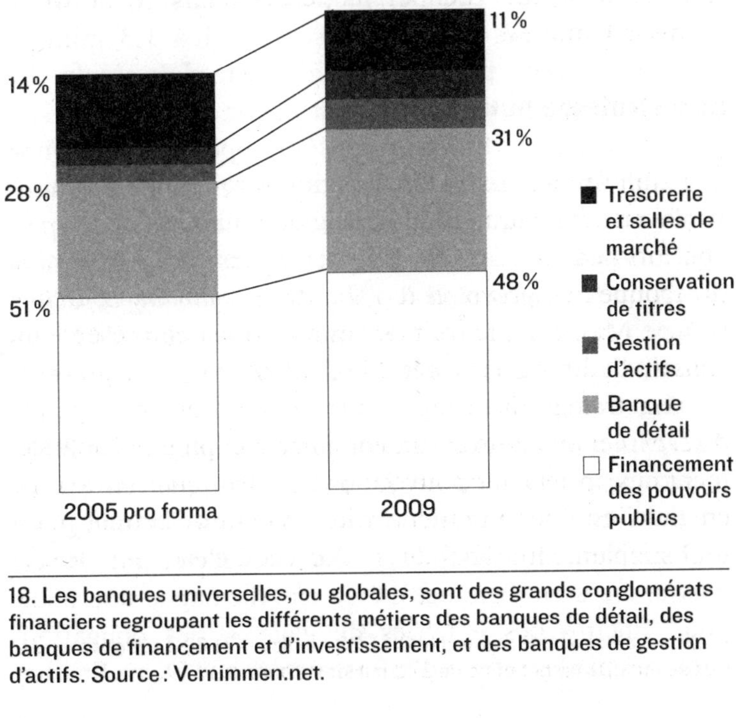

18. Les banques universelles, ou globales, sont des grands conglomérats financiers regroupant les différents métiers des banques de détail, des banques de financement et d'investissement, et des banques de gestion d'actifs. Source : Vernimmen.net.

Il montre l'objectif d'évolution des revenus du portefeuille d'activités entre fin 2005 et 2009. Au cours de ces quatre années, ces revenus doivent passer de 2 à 2,7 milliards d'euros, prévoit Dexia. Parallèlement, la répartition entre métiers doit évoluer. Le premier métier, qui regroupe tout ce qui est financement de projets, financement des pouvoirs publics et rehaussement de crédit (PPFCE), ne contribuerait plus qu'à 48 % au lieu de 51 %. Même réduction du poids des activités de marchés (TFM), passant de 14 % à 11 %. En revanche, la part de la banque universelle (PFS) passerait de 28 % à 31 %.

Le rééquilibrage des activités en faveur de la banque de détail que veut Axel Miller semble acté. Pourtant, la fuite en avant du premier métier se poursuit, puisqu'il est prévu que ses revenus passent de 1 à 1,3 milliard d'euros sur cette période. En fait, rien n'est résolu. Le management n'y voit cependant aucun risque : certes, il est dit que, pour financer ce développement, la bonne notation financière de Dexia « est un élément clé », mais il n'a aucune inquiétude. En visant clairement le marché mondial, on accroît les possibilités de financement du groupe : *« Bigger scale increases Dexia's funding capacity »* (« Une plus large échelle augmente la capacité de financement de Dexia »), répète Axel Miller lorsqu'il présente ce plan stratégique.

Dexia poursuit donc sa conquête du monde. En 2006, le groupe prend pied au Japon, en Hongrie, en Suisse, en Inde, en Chine et bien évidemment en Turquie grâce à Denizbank. En 2007, il achète via celle-ci une société d'assurances en Turquie, il crée en Allemagne une filiale pour émettre des « lettres de gage », des obligations garanties par les projets d'infrastructure que Dexia finance, et le groupe s'installe, sous sa casquette de banquier privé, à Monaco et à Montevideo, en Uruguay.

Pendant ce temps, on continue de gonfler les portefeuilles de crédits et d'obligations. En novembre 2007, Dexia acquiert la bagatelle de 3 milliards d'euros de crédits au logement social au Royaume-Uni, alors qu'il n'a naturellement pas de dépôts en livres sterling. Entre décembre 2005 et décembre 2007, le portefeuille obligataire s'accroît de 60 milliards. Entre janvier et septembre 2008, il grandira de 60 milliards de plus.

Pourtant, tout au long de l'année 2007, l'environnement se dégrade, même si les agences de notations restent extrêmement positives sur le groupe : à l'issue de la publication de ses résultats, Moody's et Standard & Poor's confirment leurs notes financières respectives de Aa1 et AA. Les deux agences continuent à louer le modèle Dexia. S&P souligne la complémentarité entre les métiers de financement des acteurs publics et de banques pour les particuliers, et se réjouit de la bonne qualité des actifs, de la forte solvabilité du groupe, de pertes négligeables sur les crédits et d'une bonne maîtrise des coûts.

Nouvel ADN

Mais le problème de gouvernance n'est toujours pas réglé : comment intégrer la gestion de Dexia Crédit local (DCL) dans le groupe ? Les inimitiés entre personnes jouent un rôle clé. « Le débat n'a jamais pu avoir lieu en raison de la lutte qui animait le patron de l'actif, Bruno Deletré, et le patron du passif, Alain Delouis. Ils ne pouvaient pas se sentir », dit un membre du comité de direction. Dans ce conflit, Axel Miller ne veut, ou ne peut, trancher, car il se sent handicapé par la structure du groupe, dans laquelle DCL a trop de liberté.

Pour brider ces Parisiens trop indépendants, Axel Miller tente le jeu diplomatique : il va trouver au printemps 2008 celui qui tient les clés de la Caisse des dépôts, Augustin de Romanet. « Je me souviens encore du jour où je suis allé le voir dans son bureau, rue de Lille à Paris, pour lui dire : "Augustin, on a un problème. Je n'ai pas de visibilité sur l'évolution des portefeuilles dans le groupe. On a un certain nombre de zones de risque sur lesquelles je ne suis vraiment pas à l'aise. On a une remontée d'informations, une collecte de données qui simplement ne satisfait pas aux critères de qualité qui sont nécessaires." Je parlais avec Romanet, qui avait sur son bureau – je pouvais lire à l'envers – une note établie par ses services qui commençait par : "Dexia est né en 1996 de l'alliance entre le Crédit local de France et le Crédit communal de Belgique..." L'accord politique, à l'époque, était : les Français chez eux, les Belges chez eux. » S'engage alors, dira plus tard Axel Miller, le dialogue suivant :

– Mais, Axel, je comprends tout à fait ce que tu me dis. Je viens du secteur privé[19]. Il faut avoir le contrôle de la gestion et des risques. Malheureusement, je ne peux pas te donner ce que tu me demandes. Pour la bonne raison qu'ayant été nommé par le président Chirac, le président Sarkozy étant aujourd'hui aux commandes, il est évident que, moi, je ne peux pas passer pour être celui qui est le traître à la nation. Je ne peux simplement pas te donner la possibilité d'entrer dans le pôle français, il faut que tu me donnes quelque chose en échange.

---

19. Augustin de Romanet a été au début des années 2000 associé-gérant d'Oddo Pinatton Corporate, filiale du groupe Oddo.

– Qu'est-ce que je peux te donner en échange ?

– Écoute, ça peut être un symbole. Ça peut être une structure juridique française qui existe sans changer les équilibres de Dexia SA, laquelle reste une société belge. Mais si nous avons une société cotée qui, en France, regroupe techniquement l'ensemble des équipes opérationnelles, tu as ta centralisation, j'ai mon symbole politique, et on peut aller de l'avant.

L'idée est donc celle-ci : au sommet, une société faîtière, Dexia SA, de droit belge et cotée sur Euronext, détiendrait une structure juridique française qui regrouperait toutes les entités opérationnelles du groupe, et donc aussi la banque belge, Dexia Banque Belgique. Il est même envisagé de faire de celle-ci une succursale de Dexia Crédit local.

Quand Axel Miller va trouver Jean-Paul Servais, le président de la Commission bancaire, financière et des assurances (CBFA), le contrôleur belge, pour lui expliquer le schéma, celui-ci fronce les sourcils. « Comment une banque systémique[20] belge peut-elle devenir une simple succursale d'une banque française ? Et vous n'avez même pas encore discuté de ce point avec vos administrateurs », tonne le gendarme belge.

Entre-temps, Bruno Deletré, qui voit la muselière se rapprocher, décide de jeter l'éponge. Il est poussé à démissionner en juin 2008.

---

20. Une banque systémique est une banque dont la défaillance ébranlerait tout le système économique et financier d'un ou plusieurs pays. Dexia, deuxième banque de dépôt belge, premier pourvoyeur de crédits aux collectivités en France et en Belgique, détenteur d'un portefeuille de 230 milliards d'obligations et d'un portefeuille de produits dérivés sur les taux et les changes portant sur un montant de 1 600 milliards d'euros, était à coup sûr une banque systémique.

Le 3 juillet 2008, Dexia tient son conseil, et Axel Miller présente donc aux administrateurs son projet de refonte du groupe et de restructuration des entités opérationnelles sous une structure unique française. Cela ne se passe pas bien. « Je me suis fait siffler par les actionnaires belges », se rappelle le patron de Dexia, qui propose alors la solution inverse : une intégration par le véhicule belge. Le holding, Dexia SA, prendrait une licence bancaire afin de pouvoir chapeauter directement les métiers dans les divers pays. Cette fois, les actionnaires français s'y opposent. Une dernière tentative d'intégration, mais édulcorée, reposant de nouveau sur un véhicule belge, sera tentée. Elle sera présentée à la mi-septembre.

Absorbé par ces problèmes de gouvernance, le management de Dexia regarde la crise de loin. Mais celle-ci se rapproche. Aux États-Unis, certains commencent à se dire que Dexia n'est pas si solide que cela.

DEUXIÈME PARTIE

GRANDEUR ET DÉCADENCE

Chapitre I
LA CHUTE

Ce 18 juin 2008, le cabinet d'avocats Jones Day organise une conférence à New York. L'orateur? Un certain Bill Ackman, investisseur « activiste », fondateur du fonds spéculatif Pershing Square. L'auditoire est tout ouïe. Son fonds pèse 6 milliards de dollars et l'homme est une vedette. C'est lui qui, six mois auparavant, est allé trouver le gendarme américain des marchés (la SEC) et celui des assurances avec, sous son bras, des documents explosifs tendant à prouver que les deux principaux assureurs monoline[21] des États-Unis, MBIA et Ambac, ont largement sous-estimé leurs pertes sur la valeur de marché de leurs portefeuilles : les deux compagnies estiment celles-ci à moins de 1,5 milliard de dollars. Pour Bill Ackman, c'est plutôt 12 milliards. Chacune[22].

Bill Ackman bataille depuis des années contre MBIA. Il estime que la compagnie n'aurait pas dû dévoyer son business model, qui consistait au départ à assurer des

---

21. Les assureurs monoline, encore appelés rehausseurs de crédit, bénéficient de la meilleure notation financière et louent cette notation à des émetteurs qui en ont besoin. Ils encaissent une commission et les émetteurs – comme, par exemple, les petites municipalités américaines – profitent de cette très bonne notation financière pour emprunter moins cher dans le marché. En cas de défaillance de l'émetteur, c'est l'assureur qui prend le risque. Les problèmes de ces assureurs surviennent en 2007, quand on s'aperçoit qu'ils ont garanti des émissions de titres liés à des crédits immobiliers à haut risque, les subprimes. Ces assureurs sont appelés monoline parce que, réglementairement, ils ne peuvent être actifs que dans cette seule ligne de produits d'assurances.
22. Entre 2007 et 2011, MBIA accuse une perte cumulée de 5,3 milliards de dollars, dont 2,7 milliards pour la seule année 2008. On est loin de 12 milliards, mais Bill Ackman n'avait pas totalement tort...

obligations de municipalités américaines. MBIA, avec le temps, a assuré d'autres titres, et notamment des asset-backed securities (ABS), des titres adossés à des actifs tels que des crédits, et surtout des crédits immobiliers devenus toxiques. Cette idée fixe que Bill Ackman nourrit depuis 2002, et sur laquelle il a pris de grosses positions spéculatives, suscite désormais beaucoup d'attention, maintenant que les marchés s'enfoncent dans la crise des subprimes.

Ce 18 juin, l'homme n'en veut pas qu'à MBIA : il cite aussi FSA, la filiale de Dexia. Le troisième « monoliner » du pays a longtemps été considéré comme plus solide et en dehors des spéculations. Pourtant, depuis la mi-2007, le conseil d'administration de Dexia se penche avec de plus en plus d'anxiété sur sa filiale américaine. En février 2008, le groupe franco-belge annonce même qu'il recapitalise FSA d'un demi-milliard de dollars. Officiellement pour permettre à cette dernière de « tirer parti d'opportunités croissantes et apparues récemment sur les marchés du financement des municipalités américaines et des infrastructures publiques », officieusement parce que l'on sent venir les pertes.

Ce 18 juin, donc, Bill Ackman martèle : « Le marché n'a pas encore ouvert les yeux sur FSA. Sa note est AAA, avec une perspective stable, mais n'y regardez pas de trop près. » Et le patron de Pershing annonce que, désormais, il spécule sur les difficultés de FSA en prenant des positions contre elle.

Interrogé par l'agence Bloomberg, Rembert von Lowis, membre du comité de direction de Dexia, se veut rassurant : il explique que FSA n'a pas, contrairement à ses concurrents, vendu des assurances garantissant le remboursement de CDO[23] liés à des crédits immobiliers toxiques. C'est vrai, mais, sur le portefeuille de 430 milliards de dollars assuré par FSA, si 66 % sont des titres assez sûrs émis par le secteur public, 34 % sont quand même des asset-backed securities, adossés à des crédits hypothécaires sur de l'immobilier résidentiel américain ou des crédits à la consommation. Et puis, dans le portefeuille de FSA, il y a surtout ce qu'on appelle les « Financial Products ». FSA a en effet vendu aux communes américaines et à d'autres investisseurs des contrats d'investissement dans lesquels il leur assure un rendement garanti[24]. Certaines communes et certains fonds d'investissement placent donc dans ces contrats leurs surplus de trésorerie. Pour garantir ces rendements, FSA a, là encore, investi les dépôts de ses clients dans ces titres adossés à des crédits qui commencent à sentir le soufre et à perdre de la valeur.

Lorsque Bill Ackman tient son discours, il sait que FSA est confronté à un sérieux problème : ses engagements vis-à-vis de ses déposants s'élèvent à près de 18 milliards de dollars. Mais ce portefeuille de Financial Products qui est en face, et qui devrait en théorie couvrir le remboursement des clients, ne s'élève plus, lui, qu'à 13 milliards. Si tous les clients retiraient leurs dépôts du jour au

23. Collateralized debt obligations. Les banques, pour sortir de leur bilan leur portefeuille de crédits et démobiliser ainsi des fonds propres, ont recours à diverses techniques. L'une consiste à créer des obligations adossées à ces crédits, les asset-backed securities (ABS). Dans ce cas, le porteur de l'obligation détient réellement une petite partie du portefeuille de crédits qui a été « titrisé ». Une autre formule consiste à loger ces crédits dans une société spéciale, qui ne fait plus partie du bilan de la banque. Et cette société émet des obligations pour se financer. Ce sont des collateralized debt obligations (CDO), dont le détenteur détient une créance non sur les crédits, mais sur la société qui les possède.
24. Ces contrats sont baptisés GIC : Guaranteed investment contracts.

lendemain, et si FSA devait vendre son portefeuille pour les rembourser, il y aurait donc un trou de 5 milliards de dollars dans la caisse.

Rattrapé par les subprimes

Ces déclarations mettent une pression énorme sur Dexia, dont l'action dévisse. Certes, toutes les actions bancaires boivent le bouillon à cette époque, mais, pour Dexia, le breuvage est particulièrement salé. De 16,50 euros au début du mois de mai, l'action tombe à 7,28 euros le 15 juillet. Les agences de notation, jusqu'à présent très positives sur Dexia, changent de sentiment. Elles commencent à dégrader les notes du groupe et de ses filiales opérationnelles. Le 6 août 2008, Dexia annonce que sa filiale américaine abandonne l'activité de rehaussement de crédit des ABS pour se recentrer sur les titres des municipalités américaines. Dexia accorde à sa filiale américaine une ligne de liquidités de 5 milliards d'euros et la recapitalise de nouveau de 300 millions d'euros, mais il est trop tard.

C'est que la crise des subprimes commence à faire d'immenses dégâts. Dès 2007, elle avait ébranlé une série de fonds et provoqué de graves interrogations sur l'exposition des banques qui, à travers leurs véhicules hors bilan, détiennent des titres adossés à des crédits toxiques. Dès l'été de cette année-là, les banques étaient prises d'une telle défiance qu'elles ne voulaient plus se prêter entre elles. Le 9 août 2007, la Banque centrale européenne devait intervenir une première fois massivement pour injecter des liquidités afin d'essayer de faire repartir le système. Il était reparti, mais cahin-caha. Les banques d'affaires américaines, qui allaient chercher leur financement dans le marché et n'avaient pas de réelles bases de dépôt, commençaient à souffrir terriblement. L'établissement Bear Stearns, la cinquième banque d'affaires américaine, était tombé en mars 2008.

Dans ce climat, Dexia ne réagit qu'avec énormément de retard et part même parfois à contre-courant. Alors que, fin 2007, la plupart des banques commencent à faire le dos rond, Dexia continue à vendre de la liquidité aux États-Unis et à acheter des portefeuilles d'actifs dans des régions où le groupe ne dispose pas de source de financement. En novembre 2007, par exemple, il acquiert un portefeuille de 2,2 milliards de livres (3 milliards d'euros à l'époque) de crédits à très long terme dans le logement social au Royaume-Uni, alors qu'il n'a pas une livre sterling de dépôt !

Tout au long de l'année 2008, le management, et particulièrement Axel Miller, songe surtout à la réorganisation du groupe. Le patron belge prépare son plan DNA : Dexia Next Ambition, qui doit lui permettre de régler ses problèmes de gouvernance et de resserrer son pouvoir sur le pôle français, DCL. Ces problèmes de gouvernance accaparent une bonne partie du temps du management de Dexia. Trop, sans doute. Le 15 septembre 2008, c'est un coup de tonnerre : Lehman Brothers est en faillite. Dexia, qui avait dans son portefeuille des obligations de cet établissement, accuse une perte de 500 millions d'euros... Mais ce n'est pas le pire. Certes, on savait que la quatrième banque d'affaires allait très mal. À partir du vendredi 12 septembre, toutes les autorités étaient mobilisées et, le week-end du 13-14, l'immeuble de la Fed de New York grouillait à chaque étage de banquiers d'affaires, d'avocats, de repreneurs potentiels, d'autorités régulatrices.

Le dimanche 14, on pense que Barclays ou Bank of America reprendront Lehman. Mais, surprise, le régulateur britannique s'oppose fermement à ce que Barclays tente cette aventure, à moins que l'État américain ne donne sa garantie, ce qu'il ne veut pas. Quant à Bank of America, elle a subitement changé de cible : elle vise Merrill Lynch, autre géant de Wall Street, qui sent qu'avec Lehman c'est l'ensemble du modèle des banques d'affaires américaines qui est en train de sombrer. Merrill Lynch prend les devants et, dimanche soir, un accord de principe est signé : Bank of America rachète Merrill Lynch. Les régulateurs des principaux pays industrialisés apprennent la faillite inéluctable de Lehman lors d'une conférence téléphonique dramatique qui se tient le 15 septembre à 1 heure du matin (heure européenne).

Les quelques jours qui suivent sont, pour la plupart des banques du globe, cauchemardesques. Puisque Lehman est tombé, tout peut désormais arriver. Aucune banque systémique n'est plus à l'abri. L'argument du *« too big to fail »* (« ce sont des banques trop importantes pour qu'on les laisse tomber ») ne tient plus. La pression devient intolérable sur les banques les plus faibles, celles qui ont des bilans déséquilibrés et sont tributaires des marchés pour assurer une grande partie de leur financement. Il s'agit des banques islandaises, mais aussi des banques belges, dont les bilans excèdent de loin le PIB du pays.

Fortis est l'un des premiers géants à vaciller. Le groupe belgo-néerlandais a réalisé, un an auparavant, aux côtés de Royal Bank of Scotland et de Banco Santander (en Espagne), l'acquisition du siècle : le trio s'est emparé, moyennant la somme phénoménale de 70 milliards d'euros, du géant néerlandais ABN Amro pour le dépecer. Un achat démesuré, surtout au vu du contexte financier de plus en plus tendu. Pour son malheur, Fortis, parallèlement, s'est lancé dans la titrisation de crédits subprimes en rachetant une équipe new-yorkaise de la Société générale. Pendant le premier semestre de 2007, la banque a fabriqué des CDO liés à ces crédits immobiliers à risque. Mais voilà qu'elle se retrouve avec ces produits, désormais invendables, sur les bras. Pour des milliards d'euros. Le marché le sait, et plus personne ne désire prêter un centime à Fortis. Sans liquidités, le groupe est à l'agonie.

Or, à quelques centaines de mètres du siège de Fortis, il y a Dexia. Et le marché flaire également une bête aux abois. D'abord parce que c'est le deuxième groupe belge, et que la situation de Fortis, étalée au grand jour, déteint naturellement sur son concurrent immédiat. Et la chute du groupe allemand Hypo Real Estate (HRE) et surtout de sa filiale Depfa ajoute un poids supplémentaire : Depfa, c'est le « Dexia Crédit local allemand » : une banque spécialisée dans le financement des collectivités, qui ne dispose pas de réseau d'agences et qui, depuis des années, se finance dans le marché des covered bonds (des obligations garanties par des actifs) ainsi que, pour une bonne part, sur le marché interbancaire à court terme. Depfa a mis le doigt dans des crédits toxiques et, pour résoudre son problème de financement, HRE cherche désespérément, avec l'aide de l'État allemand, 35 milliards d'euros.

Dans le sillage de Fortis

L'étau se resserre sur Dexia. Le mercredi 24 septembre, les attaques se font plus violentes. Les marchés ont adopté une tactique très efficace pour mettre une banque à terre.

D'abord, on achète des CDS sur les obligations de cette banque. Les CDS (credit default swaps) sont des instruments qui permettent de se garantir contre le non-remboursement d'un émetteur, mais, contrairement à un contrat d'assurance classique, qui permet de s'assurer contre les dégâts éventuels d'un bien que l'on possède, le CDS permet de s'assurer contre les dégâts d'un bien que l'on n'a pas. Un peu comme si mon voisin prenait une assurance incendie sur ma maison. On voit immédiatement la perversité du système : mon voisin aurait tout intérêt à jeter un brandon dans ma cave. Idem pour les obligations de Dexia. Si j'achète un CDS sur Dexia sans avoir d'obligations Dexia, j'ai intérêt à ce que la banque aille mal : je pourrai revendre mon CDS plus cher…

Donc, pour attaquer une banque, les spéculateurs achètent des CDS et prennent des positions à la vente sur l'action. Lorsque le marché voit les CDS qui s'enflamment et l'action qui part en vrille, c'est le signal : l'établissement est dans le collimateur, il serait prudent de retirer ses billes. Et les sources de financements court terme se coupent les unes après les autres, ce qui accentue les difficultés de la « proie », au plus grand plaisir des spéculateurs. Une mécanique autoréalisatrice implacable.

C'est exactement ce qui se passe ce mercredi 24 septembre 2008 sur Fortis et Dexia. Or, Dexia, à ce moment, a besoin d'aller chercher 260 milliards d'euros sur le marché interbancaire court terme pour financer ses énormes portefeuilles de crédits et d'obligations. En pratique, cela veut dire que la banque doit, chaque jour, trouver une centaine de milliards d'euros. Et là, brusquement, le marché est à sec. Le vendredi 26 septembre, Fortis dépose les armes : pressé par le gendarme bancaire belge, il ouvre sa *data room* aux acquéreurs potentiels et s'en va demander, la corde au cou, une recapitalisation aux États belge, néerlandais et luxembourgeois.

Chez Dexia, on se dit qu'il faut agir. Ce même vendredi, Axel Miller réunit son directeur financier, Xavier de Walque, et son directeur des risques, Claude Piret. Ils tombent d'accord : il faut augmenter le capital de la banque afin de rassurer les marchés et de ranimer les sources taries de financement. On sollicite Goldman Sachs comme conseiller et on lance une première estimation : Dexia devrait avoir besoin d'environ 7 milliards d'euros, une somme nécessaire pour régler ses ennuis américains, puisque c'est le principal problème du groupe, et les pertes futures sur son portefeuille d'obligations bancaires, puisque l'on anticipe encore l'un ou l'autre accident.

Le samedi, Axel Miller prend contact avec Guy Quaden, le gouverneur de la Banque nationale de Belgique, et lui explique l'urgence de la situation. Il réunit un comité de direction et fait le tour des grands actionnaires belges, qui représentent un peu plus de 41 % du capital. Il avertit aussi son président, Pierre Richard. Le dimanche après-midi, il se rend chez Didier Reynders, le ministre belge des Finances. Il vient expliquer que non seulement il faut recapitaliser Dexia, mais que le mieux est de scinder le groupe entre une partie française (DCL avec toutes ses filiales) et une partie belgo-luxembourgeoise. Là, on le reçoit entre deux portes : « Nous sommes à 110 % dans le dossier Fortis. Revenez demain », s'entend-il répondre.

Le manager de Dexia prévient aussi ses grands actionnaires français, c'est-à-dire essentiellement la Caisse des dépôts. L'entretien téléphonique avec Augustin de Romanet, le patron, est brutal. D'abord, celui-ci s'étonne :

quoi ? Une augmentation de capital ? Pourquoi ne l'a-t-on pas prévenu plus tôt que la situation du groupe était à ce point catastrophique ? Puis Romanet attaque bille en tête : on doit émettre des actions Dexia à un prix plancher. Il faut « rincer » les actionnaires historiques du plat pays qui n'ont pas, et le patron de la CDC le sait, la capacité de remettre au pot avec autant de facilité que lui.

De son côté, le président du conseil de Dexia, Pierre Richard, en week-end chez sa fille dans le Midi, a de nombreux entretiens téléphoniques avec le secrétariat de l'Élysée, mais tout autant sur le plan général d'aide au système bancaire français que l'Élysée veut mettre en place que sur la situation particulière de Dexia.

Le dimanche 28 septembre, on se décide à recapitaliser Fortis. Face à la gravité du problème, Jean-Claude Trichet, le président de la Banque centrale européenne, qui entretient des liens d'amitié avec le gouverneur de la Banque nationale de Belgique, Guy Quaden, fait le déplacement de Bruxelles. Au 16, rue de la Loi, dans l'hôtel du Premier ministre belge, Yves Leterme, il donne un cours accéléré de gestion de crise. Face aux éminences belges, le président de la BCE n'aborde pas que le cas Fortis : « Faites attention à Dexia, dit-il. Le groupe franco-belge a augmenté ses tirages sur les lignes de financement de la BCE. » Et Guy Quaden renchérit : « Dépêchez-vous de régler Fortis, Dexia viendra demain. »

Chez Dexia, on prépare en effet la journée du lendemain, qui s'annonce rude. Dans la soirée, les administrateurs tiennent un conseil par téléphone. Du côté français, on reste irrité de ne pas avoir été prévenu à temps, et on est surpris du caractère d'urgence de la situation. Tous tombent d'accord toutefois : demain, il faudra augmenter le capital.

« It's war time »

Le lendemain, lundi 29 septembre, est une journée de folie. Les dominos commencent à vaciller : le système bancaire islandais implose ; une banque de dépôt américaine, Washington Mutual, est en faillite ; le plus grand assureur mondial, AIG, vacille ; et le secrétaire d'État américain au Trésor, Hank Paulson, doit soumettre le soir même au Congrès son plan de 700 milliards de dollars d'aide au secteur financier (cette première mouture sera rejetée par les parlementaires).

En Bourse, c'est la curée : l'action Dexia plonge de 30 %. Il est vrai qu'un article du *Figaro* dévoile la teneur du conseil d'administration qui s'est tenu la veille. Tout le monde sait que Dexia planche sur une augmentation de capital en urgence. Les déposants en Belgique et au Luxembourg sont pris de panique : 15 milliards de dépôts sont en train de quitter la banque[25].

Durant toute la matinée, chacun se mobilise dans son coin. À Paris, conseillé par Michel Pébereau, le président de BNP Paribas, l'Élysée met en place un plan de bataille. Car la France sait que c'est tout le système bancaire qui vacille. Une réunion est convoquée à l'Élysée entre les patrons des principales institutions financières, banques et assurances, et le Président Nicolas Sarkozy, le Premier ministre François Fillon, la ministre de l'Économie Christine Lagarde et le gouverneur de la Banque de France Christian Noyer. La France met en place un plan général de sauvetage de ses banques, dont Dexia, groupe transnational, est exclu.

---

25. Fin juin 2008, l'encours des dépôts chez Dexia se montait à 129,5 milliards d'euros. Il n'est plus que de 114,5 milliards au 30 septembre.

À Bruxelles, le Premier ministre belge, Yves Leterme, et son ministre des Finances, Didier Reynders, élaborent un schéma qui doit impliquer d'autres acteurs belges : les trois régions (Flandre, Wallonie, Bruxelles), car, après tout, ce sont les pouvoirs de tutelle des communes, et les trois grands actionnaires historiques : le Holding communal, le groupe Arco et l'assureur Ethias. À Paris, les deux grands actionnaires français, la Caisse des dépôts et la CNP, se préparent également.

Le ministre des Finances belge, Didier Reynders, téléphone à son homologue Christine Lagarde. Paris et Bruxelles ne sont pas d'accord sur la répartition de l'effort à fournir. La clé doit refléter l'actionnariat stable de Dexia, qui est à 63 % belge, insiste Christine Lagarde. Pas du tout, l'essentiel du mal provient de DCL, la filiale française, rétorque-t-on en Belgique. Ce débat prendra de longues heures, mais on s'oriente vers un accord 50/50 : chacun des deux États injectant 3 milliards d'euros dans Dexia. Le prix à payer pour la Belgique sera la perte du management, mais, à cette heure, on l'ignore encore à Bruxelles.

Le gouvernement belge a fort à faire pour mobiliser certains actionnaires. Au cours d'une réunion dramatique regroupant dans l'après-midi de ce lundi 29 septembre le gouvernement fédéral belge et les trois régions du pays, Peter Praet, le membre du comité de direction de la Banque nationale de Belgique qui est spécialement chargé de la stabilité financière, regarde son auditoire dans les yeux. « Je ne suis pas un politique, dit-il. Et aujourd'hui, personne ne fait de politique. *It's war time.* Nous sommes en guerre. » En l'absence du président de la Région flamande, en voyage au Japon, le vice-président du gouvernement flamand, le socialiste Frank Vandenbroucke, regarde Peter Praet.

« OK », dit-il. La Flandre ouvre son portefeuille, les deux autres Régions suivent. Elles prennent ensemble 1 milliard d'euros : 500 millions pour la Flandre, 350 pour la Wallonie, 150 pour Bruxelles.

Mais les trois grands actionnaires historiques de Dexia, Arco, Ethias et le Holding communal, renâclent devant la somme à avancer. On demande au Holding communal de mettre un demi-milliard sur la table ? Carlos Bourgeois, son directeur, répond qu'il ne peut pas aller au-delà de 400 millions d'euros : ses actionnaires, les communes, sont désargentés et n'ont pas les moyens de participer à une augmentation de capital... Yves Leterme finit par s'énerver : si vous ne voulez pas vous mouiller, l'État fédéral laisse tomber Dexia. Il fait mine de se lever et de s'en aller. Poussé dans les cordes, le Holding communal signe pour 500 millions d'euros. Arco et Ethias y vont de 350 et 150 millions respectivement. Quant à l'État fédéral, il met lui aussi 1 milliard.

Yves Leterme enchaîne alors avec un Conseil des ministres fédéral, auquel Axel Miller assiste. Celui-ci répète ce qu'il a dit le dimanche à Didier Reynders : il faut augmenter le capital. L'un des transparents présentés par le patron de Dexia détaille l'effort à fournir : stabilisation de FSA, pertes sur portefeuille obligataire... selon la fourchette basse (6 milliards) ou haute (un peu plus de 6,8 milliards).

Pour la suite, Axel Miller estime qu'il y a plusieurs solutions, mais celle qui a la faveur du patron de Dexia est que la France reprenne DCL, la seule filiale qui éprouve des besoins de liquidités et dans laquelle est logée FSA : « Avec le rating [la notation] de l'État français, DCL recouvrera sa crédibilité et le problème sera résolu. » Bon, évidemment, cela fait porter toute la charge de la *bad bank* sur les épaules françaises… Cette solution n'est pas retenue par les autorités belges, qui disent manquer de temps pour l'étudier et la trouvent politiquement difficile à faire avaler au partenaire français. C'est décidé : on agira donc ensemble, au niveau du holding de tête.

Il est temps désormais d'entamer les négociations avec la France et le Luxembourg. Côté luxembourgeois, c'est le Premier ministre, Jean-Claude Juncker, son ministre du Budget, Luc Frieden, et son directeur du Trésor, Jean Guill, qui ont fait le déplacement. La délégation française, elle, a pris un des derniers Thalys et est arrivée à Bruxelles à 23 heures. Les Belges croyaient accueillir Christine Lagarde ou François Fillon, mais la première ne s'est pas déplacée et le second a mal au dos.

La délégation est conduite par le patron de la Caisse des dépôts, Augustin de Romanet, et par le chef de cabinet adjoint de Christine Lagarde, Emmanuel Moulin. La cellule de crise qui instruit le dossier est, elle, restée à Paris : elle est composée de la ministre de l'Économie, Christine Lagarde, de son chef de cabinet, Stéphane Richard, et de François Pérol, le secrétaire général adjoint de l'Élysée. Il y a aussi le directeur du Trésor, Xavier Musca, et le président de BNP Paribas, Michel Pébereau, le consultant de l'ombre de l'Élysée dans les dossiers financiers.

Il est plus de minuit lorsque les Français retrouvent les Belges et les Luxembourgeois au 16, rue de la Loi. Mais les négociateurs belges s'agacent : « Paris nous envoyait des seconds couteaux », se rappelle l'un d'eux. La Belgique a en effet dépêché son Premier ministre et son ministre des Finances ainsi que Luc Coene, vice-gouverneur de la Banque nationale et patron du

« comité de pilotage », un comité d'experts de haut vol constitué en urgence pour « piloter » le gouvernement belge dans la crise bancaire. Or, la délégation française est emmenée par le patron de la Caisse des dépôts, qui, en sa qualité d'actionnaire, n'est peut-être pas le mieux à même de conduire les débats, car un conflit risque à tout moment de surgir entre les intérêts des États et ceux des actionnaires. On exige donc qu'Emmanuel Moulin soit aux commandes pour la France, mais il n'en a pas le mandat. On en demande donc un à Christine Lagarde. Le Premier ministre belge exige aussi que l'on élague la délégation française : une vingtaine de personnes, c'est trop. Il y a sept Belges autour de la table, il ne doit y avoir que sept Français. On attend donc les mandats. Longtemps. Ils arrivent enfin.

La négociation commence par un gros morceau : la Belgique veut que la France reprenne FSA, qui se trouve logé dans DCL, la filiale française, et par qui vient une partie du mal. Mais la France rétorque que Dexia est un groupe belge, que les actionnaires sont en majorité belges, que le patron est belge et que ce dernier, Axel Miller, siégeait comme administrateur au sein du conseil de l'assureur américain. Avec d'autres administrateurs belges.

On abandonne donc l'idée et on discute de la recapitalisation. À quel prix ? Les Belges avancent alors un argument de droit imparable : l'opération qui va avoir lieu est une augmentation de capital réservée à certains actionnaires. Ce n'est pas la classique augmentation de capital avec droit de préférence pour les anciens actionnaires : vu l'urgence, on ne pouvait en effet pas convoquer une assemblée. Or, le code des sociétés belge est inflexible : dans le cas d'une opération réservée à certains actionnaires, l'augmentation de capital doit s'effectuer au prix du cours de Bourse des trente derniers jours. Les nouvelles actions Dexia doivent être émises à 9,90 euros !

C'est grâce à cette valorisation que, si la France obtient une minorité de blocage, les actionnaires historiques belges éviteront d'être rincés et sauveront leur majorité[26]. Ce qui, quatre ans plus tard, continue d'étonner Pierre Mariani, le successeur d'Axel Miller : « 9,90 euros ! Il n'y a pas d'exemple dans les restructurations bancaires d'urgence qui ont été conduites tant aux États-Unis qu'en Europe où une recapitalisation se soit faite au-dessus du cours de Bourse. » Mais la loi est la loi.

À 3 heures du matin, les grandes lignes de l'accord sont dessinées : les Belges mettent 3 milliards, les Français 3 milliards, et le Luxembourg injecte 376 millions, mais directement dans la BIL[27]. Côté français, il reste à examiner comment répartir le poids de cette augmentation de capital. Au départ, la volonté est de faire tout supporter par la Caisse des dépôts, mais pour son patron, Augustin de Romanet, il n'en est pas question. Il réussit à limiter son ardoise à 2 milliards d'euros (avec le concours de la CNP). Un milliard sera à la charge de l'APE, l'Agence des participations de l'État.

Le projet d'accord est envoyé à l'Élysée et à Bercy. Et l'on attend. Longtemps. Le Premier ministre belge

26. L'actionnariat de Dexia, fin décembre 2008, se compose comme suit : Caisse des dépôts, 17,61 % ; Holding communal, 14,34 % ; Arco, 13,92 % ; État français, 5,73 % ; État belge, 5,73 % ; Ethias, 5,04 % ; CNP, 2,97 % ; Région flamande, 2,87 % ; Région wallonne, 2,01 % ; Région bruxelloise, 0,86 % ; actionnariat salarié, 2,06 % ; public, 26,86 %.

27. Au final, le grand-duché ne respectera pas cette disposition et sera officiellement déchargé d'investir ses 376 millions d'euros lorsque la Commission européenne acceptera le plan de restructuration de Dexia en février 2010.

commence à s'énerver. Déjà, tout au long de la négociation, la délégation française est restée pendue au téléphone en attente des ordres de Paris. Alors quoi, personne n'ose réveiller le Président français ? Si. À l'Élysée, une réunion est convoquée à 5 heures : elle rassemble, autour de Nicolas Sarkozy, François Fillon, Christine Lagarde, son chef de cabinet (Stéphane Richard), le président de la Banque de France (Christian Noyer) et le directeur du Trésor (Xavier Musca). Et Nicolas Sarkozy pose une exigence incontournable : Axel Miller doit partir. Sans indemnités. C'est une condition *sine qua non* pour que la France injecte du capital dans Dexia. Côté belge, la surprise est totale face à cette exigence.

Nouvel attelage

François Fillon se charge d'annoncer la décision présidentielle au Premier ministre belge. À l'autre bout du fil, Yves Leterme essaie un court instant de faire revenir la France sur cette décision. « On ne change pas de capitaine en pleine tempête », dit-il. Puis, voyant que c'est peine perdue, il exige alors la démission en parallèle de Pierre Richard. C'est le petit matin, il est environ 6 h 30. Les délégations sont sur le point de se quitter lorsque Jean-Paul Servais, le patron de la CBFA, le gendarme bancaire belge, avise Augustin de Romanet :

– Il serait peut-être bon de prévenir Axel Miller et Pierre Richard qu'ils sont démissionnés.

– Vous ne vous en occupez pas ? répond le patron de la Caisse des dépôts.

– C'est aux actionnaires de s'en charger, rétorque le gendarme belge.

Augustin de Romanet avertit donc Pierre Richard et lui demande de téléphoner à Axel Miller.

Le patron de Dexia, qui était lui aussi rue de la Loi, d'où il avait suivi les négociations, rentre chez lui vers 6 heures prendre une douche avant de repartir pour la banque. Le programme de la matinée est chargé : il y a d'abord un conseil d'administration qui doit avaliser l'augmentation de capital, puis une conférence de presse. Il est 7 h 15 lorsque son portable sonne. C'est Pierre Richard qui lui annonce son éviction. Sous le choc, Axel Miller annule la conférence de presse. Les administrateurs belges sont surpris puis furieux de cette décision prise au-dessus de leur tête. Après tout, la démission du CEO est de leur compétence. Francine Swiggers, la présidente d'Arco, demande alors à la cantonade « dans quel cénacle la décision d'éjecter Axel Miller a été prise ». « Madame, lui répond Augustin de Romanet, cela s'est décidé entre les États. Je ne suis pas ministre et vous ne l'êtes pas non plus. » Effarement belge.

Ce mardi 30 septembre, voilà Dexia recapitalisé[28]. Pourtant, rien ne rentre dans l'ordre. L'image de Dexia est indissociablement liée à celle de Fortis, cet autre groupe « belge » en difficulté. Et le sauvetage de Fortis, alors, reste problématique, malgré une injection de 11,2 milliards d'euros le 29 septembre. Dans les marchés, on estime l'État belge incapable de soutenir Fortis (900 milliards d'euros de bilan) et Dexia (650 milliards). Le bilan cumulé des deux groupes représente cinq fois le PIB du pays. Et même si la Belgique n'agit pas seule dans ces deux dossiers,

28. Quoi que l'on dira plus tard, il fallait injecter de l'argent dans le capital du groupe à ce moment : fin 2008, soit après recapitalisation, alors que le bilan de Dexia avoisinait 650 milliards d'euros, ses fonds propres comptables n'étaient que de 5,6 milliards, soit moins de 1 % de ses engagements.

on s'aperçoit que les relations entre États sont tout sauf douces et harmonieuses. Dans le dossier Fortis, censé être bouclé le week-end, les Néerlandais n'ont pas encore versé un centime des 4 milliards d'euros promis pour recapitaliser le groupe. On apprendra plus tard qu'ils travaillent ce mardi à détricoter l'accord.

Quant à Dexia, on s'aperçoit que la situation du groupe est pire que ce qui avait été imaginé. Au palais du Luxembourg, Christine Lagarde est d'ailleurs interpellée par certains sénateurs sur le sauvetage du groupe franco-belge réalisé quelques heures plus tôt. Et la ministre de l'Économie lâche une phrase malheureuse : il fallait absolument cette injection de capital « pour que Dexia passe la journée du mardi 30 septembre ». Quoi ? C'était donc grave à ce point ? En Belgique et surtout au Luxembourg, les déposants ne sont pas rassurés. Et, sur le marché interbancaire, les robinets restent résolument fermés. La confiance n'est pas rétablie.

Le lendemain, mercredi 1er octobre, le gouverneur de la Banque nationale de Belgique, Guy Quaden, reçoit d'ailleurs, alors qu'il est en route pour le conseil des gouverneurs de la Banque centrale européenne de Francfort, un message de Stefaan Decraene, le patron de Dexia Banque Belgique. Ce dernier demande que la Banque nationale lui ouvre une ligne d'ELA *(emergency liquidity assistance)*[29], une ligne de

29. À côté des lignes de liquidités consenties par la Banque centrale européenne, il y a les ELA. Ces lignes d'urgence ne sont que très rarement utilisées car elles se font à un taux pénalisant pour les banques. Le principe de l'ELA est de permettre à une banque centrale nationale (le risque n'est donc pas partagé entre les membres de l'eurosystème) d'octroyer des liquidités en urgence à un établissement qui, en théorie, doit être solvable, mais est soumis à un problème temporaire de liquidités. Pour les ELA d'un montant significatif, un accord du conseil des gouverneurs de la BCE est indispensable. Pour octroyer ces liquidités,

crédit d'urgence. Cette procédure rarissime n'est employée qu'en dernier recours. Guy Quaden grimace : après Fortis, voilà Dexia qui vient crier au secours.

À Paris, la Banque de France reçoit la même demande. À l'issue du conseil des gouverneurs, Christian Noyer et Guy Quaden tiennent donc une réunion impromptue pour aborder le cas Dexia. La Banque de France ne veut assumer au départ que 30 % de ces ELA. On ressasse les mêmes arguments. La France avance que Dexia est belge, que la grande banque de dépôt est belge, donc que le risque systémique se situe dans le plat pays, et que le manager du groupe était belge. La Belgique rétorque que tous les problèmes viennent du pôle français, DCL, qui était sous la tutelle de l'autorité de contrôle prudentiel de la Banque de France… Au final, les deux banques centrales décident de partager le fardeau en deux moitiés égales.

Les jours qui suivent, la situation ne s'améliore pas : le vendredi 3 octobre, on apprend que le sauvetage de Fortis est remis en question, et que la Belgique et les Pays-Bas ont décidé de démanteler le groupe. Si un groupe transnational comme Fortis ne peut survivre, pourquoi son cousin, Dexia, le pourrait-il ? Pendant ce temps, à l'Élysée, on réfléchit à qui l'on va placer à la tête du groupe. Le choix se porte vite sur Pierre Mariani, « sarkozyste canal historique » comme l'intéressé lui-même aime à le rappeler. Cet inspecteur des finances, diplômé d'HEC, incollable en matière budgétaire, est devenu en 1993 directeur

la banque centrale nationale admet que l'établissement en difficulté lui donne des garanties de moins bonne qualité que celles qui sont réclamées par la BCE pour ses lignes normales. C'est ainsi que, souvent, l'ELA est accordée sur la base du patrimoine immobilier de la banque. Le montant cumulé des ELA accordées aux banques grecques, irlandaises et belges pendant cette crise dépasse les 350 milliards d'euros.

de cabinet de Nicolas Sarkozy, alors ministre du Budget du gouvernement Balladur. Rapidement, une amitié sincère s'est nouée entre les deux hommes, qui partagent la même combativité, la même ambition, la même fougue – certains diront la même irascibilité. Pierre Mariani restera deux ans directeur de cabinet de Nicolas Sarkozy. Puis, dans les derniers jours de 1996, Michel Pébereau, le patron de la BNP, lui téléphone un matin pour lui demander de prendre la direction de Banexi, la banque d'affaires du groupe. Il accepte, et le voilà bientôt au comité de direction de la BNP en charge de la banque de détail à l'international. Quand Baudouin Prot succède à Michel Pébereau (qui demeure président du conseil d'administration), Pierre Mariani fait partie du top de la banque du boulevard des Italiens. On parle même de lui comme futur numéro un, mais Jean-Laurent Bonnafé lui soufflera la place de dauphin.

Le vendredi 3 octobre, Nicolas Sarkozy en personne téléphone à son ancien « dir' cab »: « J'ai pensé à toi pour diriger Dexia. » Il lui parle de l'intérêt de l'État. L'argument porte et Pierre Mariani quitte BNP Paribas, malgré les dernières tentatives de Michel Pébereau pour le retenir: « Vous faites une grosse erreur », avance le président de la banque.

Lundi 6 octobre. Le week-end a apporté son lot de mauvaises nouvelles, notamment du côté de Depfa et d'Hypo Real Estate, dont le plan de sauvetage n'est pas validé. Pour Dexia, c'est comme si la recapitalisation de la semaine précédente n'avait pas eu lieu. Le cours de l'action plonge de 21 %. La liquidité ne revient pas. Dexia tire tout ce qu'il peut sur les lignes d'urgence des banques centrales. Un nouveau sauvetage est impératif.

Marqués par les soubresauts du dossier Fortis, où les Néerlandais ont finalement fait bande à part et provoqué la scission du groupe, certains, dans le clan belge, travaillent à la scission de Dexia afin de sauver ce qui importe le plus à la Belgique : Dexia Banque. La réunion du gouvernement de la Région flamande, qui se tient ce lundi, aborde le sujet de front et donne mandat au ministre-président flamand, Kris Peeters, d'aller trouver le gouvernement fédéral pour lui proposer que la Flandre, seule, rachète à Dexia son pôle bancaire belge. Le projet fera long feu.

Les actionnaires belges ne restent pas inactifs. Ce lundi après-midi, ils se retrouvent à Bruxelles dans la salle du conseil d'administration au trente-troisième étage de la tour Dexia. Ils tiennent une conférence téléphonique avec Paris, plus précisément avec la Caisse des dépôts, sur l'avenir du groupe, et là aussi le sujet de la scission est abordé. Mais Dexia est devenu une affaire entre États. La Caisse des dépôts temporise. On sait, à Paris, que l'Élysée a invité un peu plus tard dans l'après-midi le chef du gouvernement belge et son ministre des Finances.

« Lorsque nous avons appris la tenue de cette réunion, nous nous sommes dit : "Bon, les États vont discuter de la scission" », se souvient un actionnaire belge. Le Falcon qui transporte le Premier ministre belge et son grand argentier atterrit au Bourget à 17 heures. La délégation belge est à l'Élysée peu après. Face à eux, il y a François Fillon et Nicolas Sarkozy, mais c'est ce dernier qui mène la danse. Il impose immédiatement son souhait : « Ce que je veux, c'est mettre Pierre Mariani à la tête de Dexia. » Voilà, c'était le point à l'ordre du jour, et il faudrait annoncer demain mardi, avant l'ouverture des marchés, les noms des nouveaux dirigeants de Dexia. La Belgique a-t-elle déjà en tête le nom d'un président ? Les Belges répondent qu'il faut aussi discuter de la structure du groupe, mais

Nicolas Sarkozy n'entend plus : « Les questions de structure, ce sera au nouveau management d'en décider. » Peu après la réunion, une source de l'Élysée confirmera à l'Agence France-Presse : « Il faut que le management soit changé et remplacé par les meilleurs professionnels possibles. Notre logique, c'est d'abord de changer le management de la banque au plus vite, ensuite d'obtenir un point précis de sa situation, puis, très vite, de prendre des décisions structurelles. C'est dans cet ordre-là que l'on doit procéder. »

Dans l'avion, lors du trajet du retour, Yves Leterme, son conseiller en affaires bancaires Wim Coumans et Didier Reynders s'interrogent : qui désigner à la présidence du conseil du groupe ? Le candidat doit être un homme influent en Belgique et d'une stature telle qu'il puisse en imposer en France, tout en étant capable, sinon de relayer, du moins de comprendre les intérêts divers des grands actionnaires, et plus particulièrement ceux du Mouvement ouvrier chrétien et de son groupe financier Arco. Peu d'hommes remplissent ce cahier des charges. Un seul, en réalité : l'ancien Premier ministre démocrate-chrétien, ancien syndicaliste, un homme qui, sans un veto britannique, aurait présidé la Commission européenne : Jean-Luc Dehaene. Yves Leterme lui téléphone vers 18 heures mais reçoit un accueil mitigé. Pourquoi, demande Jean-Luc Dehaene, mettre un politique à cette fonction ? De toute façon, il n'acceptera le poste que s'il y a unanimité du gouvernement pour le soutenir. Yves Leterme dit qu'il le rappellera. Minuit passe et Jean-Luc Dehaene se dit qu'il peut aller se coucher en paix, la Belgique a trouvé un autre candidat. Mais voilà qu'à 1 heure du matin il est réveillé par le Premier ministre belge, qui lui annonce que le gouvernement est unanime et enthousiaste à l'idée de le nommer président. L'enthousiasme n'est pas partagé par Celie, l'épouse de Jean-Luc Dehaene, qui manifeste physiquement sa désapprobation. « Elle me donnait des coups de coude et faisait de grands "non" de la tête », nous dira-t-il quelques semaines plus tard. Pourtant, il accepte. Entre Pierre Mariani et Jean-Luc Dehaene, aussi improbable que cela puisse paraître, le courant passera très vite.

Mardi 7 octobre, tôt le matin, le conseil d'administration entérine la décision afin de diffuser un communiqué laconique annonçant la nomination de Jean-Luc Dehaene et de Pierre Mariani avant l'ouverture des marchés. Un peu plus tard, à Paris, ce dernier se rend à la Caisse des dépôts pour une première présentation du groupe dont il devra s'occuper. On lui déroule le film mais, bizarrement, aucun accent particulier n'est mis sur les problèmes de liquidités de la banque. Pierre Mariani passe ensuite la tête chez BNP, mais ne prend pas part au traditionnel déjeuner du comité de direction. Peu après midi, il se retrouve dans le Thalys pour Bruxelles. « J'avais mis deux chemises dans ma valise, se souvient-il. Je ne pensais par rester très longtemps. » Il ignore encore qu'il ne reverra pas Paris avant un bon mois !

« On ne passera pas jeudi »

Lorsqu'il arrive en début d'après-midi au siège bruxellois de Dexia, Pierre Mariani monte vers son bureau, où son prédécesseur, Axel Miller, se trouve encore. L'échange entre les deux hommes est aussi bref que glacial. Il rencontre aussi Jean-Luc Dehaene, qu'il trouve tendu. Il comprendra pourquoi plus tard, lors du premier comité de direction du groupe : les déposants luxembourgeois et belges et les institutionnels sont en train de retirer leur argent en masse. Il y a un *« run on the bank »*. Pierre Mariani téléphone alors au cabinet de Christine Lagarde : « Si l'on ne fait rien, Dexia ne passera pas jeudi. Il faut une réunion entre États demain soir, et Christine Lagarde doit se déplacer en personne. »

Pendant ce temps, Jean-Luc Dehaene fait le point avec le comité de pilotage belge. Certains de ses membres ne cachent pas leur préférence pour la solution radicale qui serait de scinder le groupe. Trop tard, dit Jean-Luc Dehaene : « Ce type d'approche n'est pas réaliste dans une structure où les Français ne peuvent pas décider sans les Belges et vice versa. L'essentiel est d'abord de sauver la banque. » Comment ? Il apparaît rapidement que la seule solution pour faire revenir les précieuses liquidités qui fuient Dexia consiste à demander aux États de garantir une partie du financement du groupe.

Pour l'épauler, le nouveau patron de Dexia a amené avec lui des consultants du cabinet Bain & Company. L'idée première était de l'aider à faire une revue stratégique des métiers de la banque. Mais, vu la situation, Pierre Mariani et ses consultants se muent en gestionnaires de crise. De quel montant de garantie des États Dexia a-t-il besoin ? Ils s'arrachent les cheveux : « Il n'y avait pas de situation consolidée de la trésorerie, se rappelle le patron de Dexia. Au cours de la première nuit que nous avons passée là, lorsqu'il s'est agi de fixer le montant de la garantie, les chiffres ont varié de 10 à 400 milliards. » Finalement, à 8 heures du matin, on s'arrête sur 150 milliards d'euros.

Cette nuit du 7 octobre, le management de Dexia n'est pas le seul à avoir planché sur un plan de sauvetage. Les Britanniques aussi se sont adonnés à l'exercice, et Londres annonce dans la matinée du mercredi 8 octobre qu'il va mettre en place un plan mêlant les garanties sur les dépôts et sur les crédits bancaires afin de résoudre le problème de liquidités des banques britanniques. C'est une bonne nouvelle : « Ce plan devrait inciter la France et la Belgique à faire de même », se dit-on chez Dexia.

Le plan de sauvetage est prêt en milieu de journée. Pierre Mariani le présente au « kern[30] » à 16 heures. La délégation française arrive en fin d'après-midi. Cette fois, Christine Lagarde est présente, accompagnée d'Emmanuel Moulin, alors que restent à Paris Stéphane Richard, François Pérol et Antoine Gosset-Grainville, le chef de cabinet de François Fillon.

Pour éviter de réitérer le vaudeville de la première rencontre du 29 septembre, où une foule de négociateurs et de consultants s'étaient retrouvés à tous les étages et dans tous les salons de l'hôtel du Premier ministre belge, on choisit cette fois de se retrouver au palais d'Egmont, un monument du XVIIIe siècle propriété du ministère belge des Affaires étrangères, dont le grand escalier des ambassadeurs, copie conforme de celui qui a existé à Versailles, est régulièrement foulé par les grands de ce monde.

Au palais d'Egmont, face à la délégation française, se trouvent, côté belge, le grand argentier Didier Reynders et Luc Coene, le patron du comité de pilotage. Le Luxembourg a envoyé Jean-Claude Juncker et Luc Frieden. Il est 22 h 30, les négociations commencent. Une fois encore, elles se tiennent dans le plus grand désordre.

30. Le « kern » (noyau) est, en Belgique, le Conseil des ministres restreint. Le gouvernement étant un gouvernement de coalition, pour une raison d'efficacité, le kern réunit le principal ministre de chaque tendance politique.

« Cette réunion nocturne au palais d'Egmont, dans la nuit du 8 au 9 octobre, fut une des plus désordonnées et déstructurées auxquelles il m'ait été donné d'assister, relate Jean-Luc Dehaene dans ses *Mémoires*[31]. [...] Il y avait divers *caucus*, dans diverses salles, qui parfois et de manière informelle glissaient l'un vers l'autre. Il était tout sauf clair de savoir où et avec qui on négociait. Une nuée de consultants évoluait autour de tout cela, prenant parfois part aux discussions, parfois non. »

On arrive toutefois à se mettre d'accord sur le principe d'accorder à Dexia une garantie solidaire des trois États, mais les négociations butent ensuite sur les points « techniques ». Quel sera le coût des garanties ? Comment les répartir entre les trois États ? La Belgique, étrangement, ne se montre pas trop réticente à endosser l'essentiel de la charge, soit 60,5 %, alors que la France prend 36,5 % et le Luxembourg 3 %. Pourtant, 90 milliards sur les épaules belges, cela correspond à 25 % du PIB du pays. Mais, explique aujourd'hui Jean-Luc Dehaene, « lorsque l'on a négocié cette première garantie en 2008, on l'a vue comme une rentrée financière... Moi, je regardais cela avec étonnement. Je trouvais évident qu'il aurait fallu une clé de répartition entre la Belgique et la France de 50/50, puisque l'augmentation de capital avait été réalisée à 50/50. Mais on m'a expliqué que je ne devais pas insister, que cela renforçait le caractère belge de l'ensemble[32] ». Lorsque le risque Dexia se matérialisera davantage, certains à Bruxelles regretteront alors amèrement d'avoir accepté une telle clé de répartition.

31. Ouvrage paru (uniquement en néerlandais) aux éditions Van Halewyck en mai 2012.
32. Entretien avec l'auteur le lundi 28 mai 2012.

En attendant, il est 7 h 30 ce jeudi 9 octobre, et Dexia peut enfin respirer. Lorsque les marchés rouvrent, l'action rebondit de 16 %. Et les robinets de liquidités recommencent à couler. Enfin, Dexia est sauvé. Croit-on.

Chapitre 2
DEUX ANS DE RÉMISSION

Une fois placé aux commandes, Pierre Mariani s'entoure d'une équipe de choc. Outre les consultants de Bain, qui l'accompagneront pendant toute la durée de son mandat, il engage comme directeur de la stratégie Alexandre Joly, jeune inspecteur des Finances et lieutenant-colonel de réserve à la Légion étrangère, puis, un peu plus tard, Philippe Rucheton, ancien responsable de Newedge (société de courtage haut de gamme détenue par la Société générale et le Crédit agricole), pour assurer la direction financière. Première mission de la nouvelle équipe dirigeante : éteindre le feu.

Un premier conseil d'administration, le 20 octobre 2008, fixe déjà des priorités : préparer un plan de recentrage du groupe, améliorer la gouvernance en créant un comité de contrôle interne et des risques, et réétudier le projet, nourri du temps d'Axel Miller, de doter le holding de tête, Dexia SA, d'un statut bancaire afin d'intégrer les flux de liquidités et le contrôle des risques. Mais la tâche qui paraît à tous la plus urgente est de circonscrire le risque aux États-Unis, où Dexia est exposé à hauteur d'environ… 500 milliards de dollars.

Le problème américain

Aux États-Unis, il existe en réalité deux risques. D'abord, comme on l'a vu, il y a FSA. L'assureur, au fil des ans, a rehaussé un portefeuille de 430 milliards de dollars de titres divers, dont 113 milliards d'asset-backed securities, ces titres adossés à des crédits dont la toxicité commence à se manifester. Il y a aussi, chez FSA, ce portefeuille de Financial Products qui ne couvre plus les contrats à rendement garanti vendus par l'assureur.

Mais le bureau de New York de Dexia Crédit local a bâti une autre machine infernale. Il a vendu aux municipalités, surtout en 2007 et 2008, des SBPA *(standby bond purchase agreement),* qui sont des crédits de « back-up », des crédits de sûreté auxquels les municipalités américaines pourraient avoir recours si elles se trouvaient à sec. Ces lignes de crédits viennent compléter, dans la panoplie financière des municipalités américaines, les municipal bonds, gigantesque marché des obligations émises par les municipalités, dont l'encours dépasse les 2 500 milliards de dollars. Pourquoi une telle taille ? Parce que les municipalités sont considérées comme des émetteurs fiables, mais aussi parce que leurs émissions, aux États-Unis, sont assorties d'exemptions fiscales. Les investisseurs, et surtout les particuliers, sont friands de ces « papiers municipaux ».

Outre ces municipal bonds, les municipalités américaines concluent donc aussi des lignes de crédit de sûreté avec des intermédiaires financiers. Ces intermédiaires, parmi lesquels se trouve DCL, leur garantissent qu'elles trouveront toujours à se refinancer à court terme. « Si un jour le marché ne fonctionnait plus, et si les municipalités ne trouvaient plus à se financer à court terme, DCL leur garantissait – en échange d'une commission de 20 points de base (0,2 %) – de reprendre leurs titres dans son bilan et de leur fournir la liquidité nécessaire pour les financer », explique Alexandre Joly[33].

33. Entretien avec l'auteur.

Et les responsables de DCL plongent dans ce marché américain. « Ils pensaient détenir une martingale, ajoute Alexandre Joly. Ils touchaient une commission de 20 points de base qui rémunérait le seul fait de mettre ces lignes de back-up à disposition. Le marché s'est tendu et cette commission est passée à 70 points, sans que cela suscite de question du côté de DCL. Et si jamais, par extraordinaire, le marché venait à ne pas fonctionner et que la garantie de liquidités devait être actionnée, ils prenaient une commission encore plus importante. Certes, ils étaient alors obligés d'avoir dans leur bilan les titres des municipalités, mais ceux-ci étaient éligibles à la Fed : DCL pouvait les mettre en garantie à la Banque centrale américaine pour avoir des liquidités qu'il revendait aux municipalités. Bref, c'était un système où, si ça n'allait pas, ça allait encore. »

Pourquoi se priver, alors ? DCL conclut des montagnes de SBPA, surtout lorsque les autres banques, qui commencent à sentir tourner le vent, se retirent de ce marché. « Ils en ont vendu énormément entre juillet 2007 et l'automne 2008. Plus d'une trentaine de milliards de dollars », s'étonne Pierre Mariani[34]. Lorsque le groupe vacille en octobre 2008, il a sur les bras un total de lignes de crédit aux municipalités américaines qui dépasse 50 milliards de dollars. Ce ne serait encore rien si ces lignes étaient dormantes, mais elles sont bien réveillées. Lorsque Lehman tombe en faillite, les sources de financement se tarissent pour les municipalités, qui se tournent donc naturellement vers Dexia. En quelques jours, c'est 17 milliards de dollars qui sont tirés ! Au final, l'addition se montera à 28 milliards de dollars.

34. Entretien avec l'auteur.

Pourtant, à New York, les responsables de Dexia ne sont pas inquiets : « Pas de problème, se disent-ils, puisque en contrepartie de ces liquidités nous avons désormais dans le bilan des obligations municipales que nous pouvons aller apporter à la Fed pour recevoir du financement. » « Mais ils n'avaient pas anticipé un problème technique, souligne Pierre Mariani : oui, les titres étaient éligibles à la Fed, mais, entre le moment où le décaissement se faisait vers les municipalités, celui où l'on recevait les titres et celui où l'on pouvait aller les apporter à la Fed, il y avait un délai de quatre ou cinq jours ! »

Quand le nouveau manager prend les commandes de Dexia, il a donc immédiatement des contacts avec la Banque centrale américaine. « Avec FSA, DCL New York et les encours de crédits en dollars des autres entités de Dexia (on devait par exemple passer par le dollar pour financer les actifs en yen), nous nous sommes retrouvés parmi les premiers débiteurs de la Fed », souligne Pierre Mariani. On saura plus tard, grâce à la publication de documents internes des autorités de contrôle américaines, que Dexia, au plus fort de la crise, tirera jusqu'à 53 milliards de dollars sur la ligne de crédit d'urgence de la Banque centrale américaine[35].

Ces premières réunions avec les autorités américaines sont un peu tendues. « D'autant que le message n'était pas encore bien arrivé dans les équipes américaines, ajoute Pierre Mariani. Certains responsables de Dexia à New York

35. Cette ligne de crédit d'urgence créée le 7 octobre 2008 par la Fed s'est appelée Commercial Paper Funding Facility. Elle permettait aux banques d'apporter du papier commercial et de recevoir en échange des liquidités. Les plus grands utilisateurs de ce programme furent trois banques non américaines : UBS (qui emprunta 72 milliards de dollars), Dexia (53 milliards) et Barclays (38 milliards). Voir à ce sujet le saisissant rapport de la Financial Crisis Inquiry Commission du Congrès américain.

continuaient de dire : “Formidable ! Avec la commission que nous percevons et le faible coût de financement de la Fed, le spread réalisé sur ces SBPA réellement tirés est de 330 points de base !” Au premier trimestre 2009, nous avions encore des revenus considérables sur ces lignes qui, par ailleurs, nous “tuaient” sur le plan de la liquidité », souligne le patron de Dexia. Les réunions avec les autorités américaines se compliquent aussi en raison du contexte politique : l’administration Bush est en fin de mandat. Barack Obama a gagné les élections, il y a une atmosphère de fin de règne.

Au cours de la première moitié du mois de novembre, Pierre Mariani part à New York pour boucler la cession de FSA. Il y a peu de candidats repreneurs sérieux. Le patron du groupe franco-belge rencontre le numéro deux de Berkshire Hathaway, la fameuse société d’investissement de Warren Buffett, qui propose de reprendre FSA… si Dexia lui paie 8 milliards de dollars. Il y a heureusement un candidat plus généreux, un assureur des Bermudes, le groupe Assured, qui reprend l’activité opérationnelle mais ne veut pas s’embarrasser du portefeuille de Financial Products. Assured paiera à Dexia 361 millions de dollars en numéraire et 44,56 millions de ses actions, valorisant FSA à un bon milliard de dollars[36]. Mais Dexia conserve les 16,2 milliards d’euros de Financial Products, dont 12 milliards environ seront garantis par les États au-delà

36. En 2008, Dexia encaisse sur FSA une perte de plus de 3,1 milliards d’euros (1,7 milliard de perte due à la vente, plus 1,4 milliard de perte sur les activités d’assurance et le portefeuille de Financial Products). En 2009 et 2010, Dexia encaisse une nouvelle perte de respectivement 169 millions et 299 millions sur son portefeuille de Financial Products, lequel sera cédé au printemps 2011, générant une nouvelle perte de 1,9 milliard d’euros. En tout, FSA aura donc coûté à Dexia un peu plus de 5,4 milliards d’euros !

d'un *first loss* (« première perte » assumée par Dexia) de 4,5 milliards de dollars.

Le deal est signé le 13 novembre, mais il doit encore être avalisé par les autorités américaines : le gendarme des assurances et le département de la Justice. Or, les Américains ne font pas preuve d'un zèle particulier, les membres de l'administration Bush se voyant bien refiler cette patate chaude à leurs successeurs démocrates. « L'accord du Department of Justice a été obtenu le dernier jour de l'administration Bush par Deborah A. Garza, la Deputy Assistant Attorney General [l'équivalent d'un secrétaire d'État à la Justice ; elle était en charge des questions antitrusts], qui a accepté de délivrer l'autorisation, se souvient Pierre Mariani. J'ai eu un *conference call* pendant toute la journée avec ses collaborateurs puis avec elle. Je lui ai dit que c'était un problème d'État à État, que la France et la Belgique étaient derrière nous. » On sollicite même le quai d'Orsay et l'ambassadeur de France aux États-Unis. Et, finalement, l'accord de l'Attorney General est obtenu à l'arraché.

Un cadavre dans un placard autrichien

Pendant que le management de Dexia essaie de résoudre le problème de FSA, il découvre une autre voie d'eau, en Autriche cette fois. Le dimanche 2 novembre vers 17 heures, Alexandre Joly reçoit un coup de fil de Pierre Mariani : il doit se rendre d'urgence à Vienne. Dexia est en effet en train de négocier avec les autorités autrichiennes la cession de Kommunalkredit Austria (KA), une joint-venture conclue en 1992 avec la Volksbank pour offrir des services financiers aux collectivités locales autrichiennes, et qui, quelques années plus tard, créera avec DCL une nouvelle entité, DKB, active dans le financement des pouvoirs publics d'Europe centrale et orientale, et détenant notamment une banque slovaque, Dexia Banka Slovensko (DBS).

« Les négociations s'enlisent, résume Pierre Mariani. Il faut régler cela au plus vite. » Alexandre Joly saute dans un taxi pour prendre un avion à Roissy, direction Vienne. Il arrive en début de soirée. Commence alors une négociation « au finish » qui restera dans les annales. Elle durera toute la nuit pour se clore le lundi à 14 heures. Mais qu'est-ce qui peut motiver une telle urgence ? Pourquoi se presser autant pour revendre à l'État autrichien cette participation ? Sent-elle à ce point le soufre ? Pour le comprendre, il faut se représenter l'organigramme :

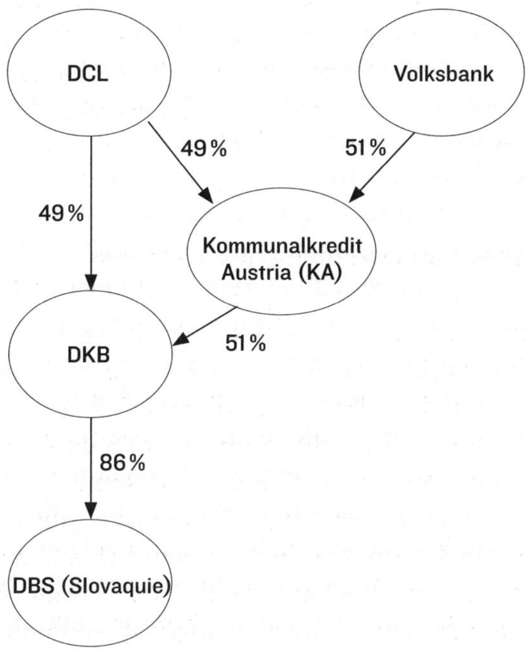

Quelques jours auparavant, le management de Dexia est informé d'un « accident » chez DBS. Dans une salle de marché perdue à proximité de la frontière polonaise, à 200 kilomètres de Bratislava, des traders de DBS ont pris pour le compte de clients une position en devises, en rands sud-africains notamment, pour 1 milliard de dollars. Or, la faillite de Lehman Brothers met les marchés sens dessus dessous. DBS demande à ses clients des « appels de marge », c'est-à-dire des garanties supplémentaires, afin de s'assurer que, si ces investisseurs boivent le bouillon, ils pourront rembourser la banque. Mais les clients de DBS refusent de s'exécuter. Le management de Dexia est averti. Il coupe immédiatement cette position et met à pied le président du conseil de DBS et le directeur général de la banque. Coût : plus de 80 millions d'euros. Un communiqué sort le 28 octobre.

La nouvelle ne pouvait arriver à un pire moment : fin octobre 2008, six semaines après la faillite de Lehman, les banques sont encore tétanisées. La moindre fumée provoque dans les marchés des hurlements de tour infernale. À l'annonce de cet accident de trading, la maison mère de DBS, Kommunalkredit Austria (KA), part alors en vrille : le prix de ses CDS (credit default swaps) explose, la banque est rapidement confrontée à un grave problème de liquidités : personne ne veut plus lui prêter d'argent.

C'est un problème sérieux pour l'Autriche, car KA est ce qu'on appelle une banque systémique : c'est le principal émetteur de *Pfandbriefe* (obligations sécurisées « à l'allemande ») du pays mais, surtout, on s'aperçoit que, parmi les bombes cachées de la banque autrichienne, il y a, blotti dans une filiale chypriote, un paquet de 13 milliards d'euros de CDS sur des pays d'Europe centrale. KA a joué les assureurs : il a vendu à des investisseurs des CDS pour se protéger contre la défaillance de pays comme la Slovaquie, la Hongrie, etc. KA perçoit des primes mais est désormais en première ligne s'il arrive un accident dans ces pays. Ce risque, énorme, était tout simplement passé au travers du filtre des contrôles de Dexia ! KA pourrait donc coûter très cher à Dexia si le groupe ne coupe pas les ponts (de fait, l'institution accusera une perte cumulée, sur les exercices 2008-2009, de 3 milliards d'euros, et de 1 milliard supplémentaire en 2011).

Voilà donc pourquoi Pierre Mariani téléphone à Alexandre Joly ce dimanche 2 novembre 2008 en fin d'après-midi. Tout le monde se donne rendez-vous vers 21 heures au ministère des Finances autrichien. Alexandre Joly y retrouve l'inspecteur autrichien des Finances (le numéro un de l'administration) et le patron de la Volksbank. Les pourparlers sont difficiles. La nuit s'avance. C'est alors qu'Alexandre Joly demande à s'isoler un instant avec le patron de la banque autrichienne. « J'ai sept griefs », dit-il. Il les énumère et laisse le plus fort pour la fin : « Votre responsabilité pénale est engagée. Je n'hésiterai pas à l'actionner demain. J'ai une note d'avocat dans ma mallette. » Le banquier pâlit et l'on conclut le deal : pour 1 euro, le gros du risque est éradiqué[37].

37. Dexia accuse une perte de 105 millions d'euros et participe à hauteur de 150 millions d'euros au capital de KA Finanz, la *bad bank* héritière de KA. Ce dossier n'est toutefois pas clos, car KA Finanz, qui a en outre un paquet d'obligations grecques, subit une perte de 900 millions d'euros, ce qui la contraint à devoir être recapitalisée par l'État autrichien en avril 2012. Une opération qui provoque un litige avec Dexia car, parallèlement à cette injection de près de 1 milliard d'euros, l'État autrichien a réduit à néant la valeur des actions souscrites par Dexia, qui compte régler ce différend en justice mais doit entre-temps passer une perte de 145 millions d'euros dans ses résultats du premier trimestre 2012.

Au terme de cette nuit de négociation, KA est donc acheté 1 euro par l'État autrichien, et KA vend DKB à DCL pour 1 euro. Au final, donc, l'Autriche possède la totalité de KA, et Dexia, via sa filiale DCL, la totalité de DKB et donc de sa filiale slovaque DBS. Filiale qui sera cédée fin 2010.

Négociations « à la corse »

Pendant que certains colmatent les voies d'eau, d'autres travaillent à un plan qui doit recalibrer le groupe. Il n'y a pas de miracle : si, pour survivre, Dexia doit maigrir, le groupe aura moins de recettes et il doit donc sabrer dans les coûts. Ce plan de transformation prévoit une économie de coûts de 600 millions d'euros se traduisant dès l'année 2009 par une diminution d'emplois de l'ordre de 900 postes (sur un total de 35 000 personnes employées chez Dexia). Il est annoncé en janvier 2009 parallèlement à l'estimation de la perte pour 2008 : 3 milliards d'euros. Pour faire passer la pilule, le management annonce que tout le monde fera un effort : les actionnaires n'auront pas – à titre exceptionnel, est-il spécifié – de dividendes sur l'exercice 2008, les administrateurs voient leur rémunération baisser et les dirigeants de Dexia se passeront de bonus pour 2008.

Et puis on se recentre sur la France et la Belgique : on ferme ou on vend les implantations en Scandinavie, en Inde, au Mexique, en Australie, en Europe de l'Est[38]. On garde celles du Japon, d'Allemagne et de Suisse,

38. La cession de Dexia Banka Slovensko prendra plus de temps. Il faudra attendre la résolution des litiges avec les clients qui avaient pris des positions spéculatives, et la banque slovaque sera finalement cédée en novembre 2010.

mais dans le seul but d'avoir des sources de financement pour porter les portefeuilles locaux. Et l'on restreint très fortement l'activité au Royaume-Uni et en Amérique du Nord. On commence à réduire le portefeuille obligataire. On concentre les investissements sur la Turquie, le moteur de croissance du groupe, et sur Dexia Banque Belgique, la banque de réseau ébranlée par la crise.

Enfin, on discute du plan de restructuration avec l'Europe, plan remis en février 2009 et que la Commission commence à examiner en mars. C'est Alexandre Joly qui mène les négociations. Sur les quarante-cinq dossiers d'aides d'État à des banques que la Commission européenne doit examiner, Dexia est l'un des premiers. Mais elle ne rendra son verdict qu'en février 2010.

Une première équipe de la Commission européenne s'approprie le dossier, mais elle pèche par manque de compétence technique. Après quelques mois, elle cède le pas à une autre, plus technicienne, et les négociations se passent très mal. « Avec cette deuxième équipe, le ton se durcit, explique un négociateur du groupe. Ils sont alors très agressifs, disant qu'il faut démanteler Dexia. » Rapidement, les discussions s'opèrent au plus haut niveau, entre l'Irlandais Anthony Whelan, chef de cabinet de Neelie Kroes, alors commissaire à la Concurrence, et Alexandre Joly. Ce dernier ne cache pas vouloir parfois discuter « à la corse », avec un fusil chargé sur la table. Et ce lieutenant-colonel de réserve de la Légion étrangère arrive parfois dans les bureaux de la Commission à Bruxelles avec son barda de militaire sur lequel est inscrit : « Ne jamais subir » !

Chez Dexia, encore aujourd'hui, certains sont convaincus que la Belgique, dans les négociations avec la Commission, a privilégié son champion flamand, KBC, au détriment du groupe franco-belge. D'autres suggèrent que la directrice de la DG concurrence à la Commission, Irmfried Schwimann, avait un compte à régler avec la France. Mais, au-delà de ces rumeurs, des éléments objectifs expliquent aussi pourquoi les négociations sont si difficiles.

Il y a d'abord l'ampleur et la nature atypique des actifs de Dexia : 230 milliards d'euros de crédits, souvent à très long terme et structurés, une activité de financement des collectivités qui procure (pour les crédits standards) des marges réduites, et un portefeuille obligataire dont le montant dépasse les 220 milliards d'euros. À cela s'ajoute un immense portefeuille de produits dérivés destinés à couvrir le risque de taux[39]. Le rééquilibrage du groupe exige plus de temps qu'une banque normale.

Ce dossier est également difficile en raison de l'option choisie au départ : les États ont décidé de ne pas isoler les actifs à problèmes dans un véhicule spécial, mais de les conserver dans le groupe. Dans la plupart des autres sauvetages, les actifs toxiques sont cantonnés dans une *bad bank* afin qu'ils n'empoisonnent pas les entités opérationnelles saines. Toutefois, ici, il ne s'agit pas à proprement parler d'actifs toxiques, mais simplement d'actifs trop lourds à porter.

Il y a aussi cette hétérogénéité de l'actionnariat : trois États, des actionnaires privés et semi-publics qui ont des agendas très différents.

Enfin, on ne peut s'empêcher de penser que la manière même d'aborder les services de la Commission n'a pas été la plus diplomatique qui soit. De l'aveu même d'un haut

39. Sur ce portefeuille et sur ce modèle Dexia, voir les leçons 4 et 5 de la troisième partie.

responsable du groupe, « les pressions politiques conjointes des trois États pour obtenir une décision ont braqué les services de la Commission ».

Pendant des mois, le groupe aura fort à faire pour prouver à l'Europe qu'il peut être viable et ne doit pas être démantelé. Il démontrera toutefois qu'un éclatement ou une scission seraient hors de prix. Car, en vendant des actifs ou en en transférant dans une nouvelle entité, on « cristallise les pertes » : ces obligations achetées 100 et qui valent aujourd'hui 95 ne dégagent qu'une perte latente si elles restent dans le groupe. Mais, dès qu'on les transfère, les pertes se réalisent, et elles sont énormes. S'il devait y avoir scission, estime le groupe au début de l'année 2009, il faudrait absorber 5,7 milliards d'euros de pertes pour la cession de Dexia Banque Belgique et du portefeuille obligataire, 1 milliard pour la cession de Dexia Banque Luxembourg, Denizbank et les autres entités, 4,7 milliards pour le transfert d'actifs vers la *bad bank* et 4,9 milliards pour le transfert des Financial Products américains, là aussi vers la *bad bank*. En tout, une ardoise de 16,3 milliards ! Intenable pour les actionnaires, qui viennent d'injecter avec difficulté 6 milliards d'euros.

Mettre le groupe en liquidation pure et simple ? On n'y songe même pas : avec son énorme portefeuille d'obligations, ses banques systémiques au Luxembourg et en Belgique, et un formidable portefeuille de dérivés de taux, laisser tomber Dexia aurait des conséquences pires que celles qui ont suivi la chute de Lehman Brothers.

Non, la seule solution est de garder Dexia comme tel, et de le dégonfler de l'intérieur. Mais le premier plan proposé paraît bien trop timide à l'Europe, qui veut que le bilan soit raboté de 45 % et que le groupe abandonne sa pépite turque, Denizbank. Finalement, après pas mal de psychodrames – Dexia enverra même plusieurs courriers incendiaires après avoir appris qu'un fonctionnaire européen avait téléphoné à des analystes financiers pour savoir ce qu'ils pensaient du groupe –, on arrive à un accord en février 2010. Il faudra d'ailleurs que Neelie Kroes intervienne contre son administration pour que celui-ci soit bouclé. Car certains, à la DG concurrence, auraient bien voulu faire lanterner le groupe quelque temps encore, en soumettant la décision finale à la nouvelle équipe de la Commission qui doit entrer en fonction quelques jours plus tard. La commissaire néerlandaise ira cependant à l'encontre de cette volonté, et l'accord européen sur Dexia est rendu public le 26 février 2010.

Que dit l'accord? En gros, Dexia réussit à limiter sa cure d'amaigrissement à 35 %, et non 45 % comme voulait l'imposer la Commission au départ. Mais l'effort demandé est néanmoins titanesque puisqu'il s'agit de faire fondre le bilan de 651 milliards en 2008 à 427 milliards en décembre 2014, et de réduire ses coûts d'exploitation de 15 % pour fin 2012. Dexia peut garder Denizbank mais doit céder à la place ses deux grandes sous-filiales méditerranéennes: Crediop en Italie (pour 2012 au plus tard) et Sabadell en Espagne (pour 2013)[40]. Le groupe ne fera pas de *bad bank*, mais est obligé, lors de la présentation de ses résultats, de « faire comme si »: cette *bad bank* interne s'appellera la « Legacy Portfolio Management

40. La Commission impose aussi d'autres cessions: Dexia Épargne-Pension (DEP), les participations dans la société informatique Adinfo et la société énergétique SPE, les 20 % du capital de Crédit du Nord, la participation dans Dexia Banka Slovensko (DBS) et Deniz Emeklilik (la filiale d'assurance-vie de Denizbank).

Division » et comprendra le portefeuille obligataire (qui pèse alors 134 milliards), le solde des Financial Products (10,7 milliards d'euros) et encore 17 milliards d'euros de crédits aux collectivités (ce sont essentiellement les lignes de crédit aux collectivités américaines). Et l'argent qui sera levé grâce aux garanties d'État devra intégralement servir à financer cette « Legacy Division », et pas autre chose. Des garanties dont Dexia devra se passer au plus tard en octobre 2010.

L'Europe contraint par ailleurs Dexia à limiter sa production de nouveaux crédits et, pour éviter tout dumping, à réaliser une certaine marge sur sa nouvelle production de prêts aux collectivités[41]. Dexia s'engage aussi à réduire ses financements à court terme, à ne pas financer Denizbank (qui doit donc s'autofinancer), à respecter une série de ratios (sur sa liquidité notamment). Et, *last but not least*, la Commission fait une entorse à ses convictions : elle autorise Dexia, pourtant aidé par les États, à distribuer des dividendes, mais uniquement en actions. Un point crucial pour les grands actionnaires belges, surtout Arco et le Holding communal, endettés jusqu'au cou afin de pouvoir suivre l'augmentation de capital du mois d'octobre 2008, qui ont besoin de rentrées financières pour assumer ces nouvelles charges. Les objectifs fixés doivent être atteints pour fin 2014, et un comité d'experts indépendants sera chargé de vérifier tous les six mois si Dexia remplit bien ses obligations européennes.

41. Ses prêts aux pouvoirs locaux doivent dégager un niveau de Raroc (*risk-adjusted return on capital*, soit la marge après impôt rapportée au capital) de 10 % au moins.

« Un gâchis malheureux »

Cette année 2010 semble être pour Dexia celle du renouveau. La perte colossale de 3,3 milliards d'euros de 2008 n'est plus qu'un mauvais souvenir. En 2009, Dexia a engrangé un peu plus de 1 milliard de bénéfices, et en 2010 encore 723 millions. Le gros portefeuille obligataire reste trop lourd mais il se dégonfle petit à petit[42]. Il pesait 158 milliards en 2008, il ne représente plus que 111,7 milliards fin 2010. Dexia parvient de nouveau à trouver du financement à long terme, via des obligations et des covered bonds, et donc ses besoins de financement court terme, qui constituent le talon d'Achille du groupe, fondent sensiblement : de 260 milliards en 2008, on tombe à 119 milliards fin 2010. Les objectifs européens sont dépassés. Cerise sur le gâteau : le groupe sort du système des garanties d'État dès la fin du mois de juin, avec quelques mois d'avance, donc, sur le calendrier européen. Désormais, se réjouit Pierre Mariani, le groupe peut de nouveau « courir tout seul ».

La cure d'amaigrissement, toutefois, s'effectue dans la douleur. L'annonce du plan de transformation à la fin janvier 2009 s'accompagne déjà de la suppression de 888 postes pour 2009 (349 en Belgique, 211 en France, 96 au Luxembourg et 232 à l'international). Quelques mois plus tard, le 25 septembre 2009, le comité d'entreprise européen apprend que 602 postes supplémentaires vont disparaître en 2010 (445 en Belgique, 143 au Luxembourg, 14 en

42. Les titres qui étaient logés dans la Legacy Division pesaient 191 milliards d'euros fin 2008 : 158 milliards d'obligations, 12 milliards de Financial Products et 21 milliards de prêts, essentiellement aux municipalités américaines.

France). Et le 16 septembre 2010, rebelote : là aussi, devant le comité d'entreprise européen, le groupe rend publique sa décision de supprimer 665 emplois (385 en Belgique, 140 au Luxembourg, 70 en France et 70 à l'international). Ce qui porte le chiffre total des suppressions d'emplois, en cette fin 2010, à 2 155.

Tout autant que les suppressions d'emplois, l'intervention du cabinet de conseil Bain dans les processus irrite le personnel. Particulièrement en Belgique. En parlant des restructurations imposées par les consultants de Bain, Luigi Franco, délégué du syndicat socialiste Sectca, tient des propos très sévères, estimant que les plans de rationalisation concoctés en chambre s'avèrent désastreux quand ils sont mis en œuvre : « Donc tout ce boulot – il ne faut pas vous rappeler le coût de Bain, car il y a eu un secret derrière ce coût –, il faut le refaire. En fait, on doit détricoter ce qui a été centralisé. On doit le re-décentraliser. Nous, sur le terrain, on voit que les travailleurs ont été sacrifiés : on a réduit des emplois, on a mis en place des structures qui, après, se sont révélées ingérables, avec une augmentation de stress : il y a des burn-out dans les divisions qui ont été restructurées, il y a un véritable mal-être au travail. » Et Luigi Franco de conclure : « Ce gâchis est vraiment malheureux[43]. »

Dans son effort de restructuration, le management de Dexia essuie aussi des revers. Le plan, proposé au printemps 2010, de fusionner Dexia Banque Belgique et Dexia SA est rejeté formellement par les administrateurs belges. Pourtant, fusionner la banque belge et ses abondantes liquidités avec le holding permettrait de doter la maison

43. Audition devant la Commission parlementaire belge sur Dexia le 9 janvier 2012.

mère d'un statut bancaire et de la doter d'une réserve de liquidités à laquelle pourraient venir puiser plus facilement les entités du groupe en manque d'argent. Car DCL ne respecte pas les nouveaux ratios de liquidités que lui impose la Banque de France. Et le régulateur français (l'autorité de contrôle prudentiel de la Banque de France) commence à voir rouge et menace, dans une lettre du 16 août, de « placer l'établissement [c'est-à-dire DCL] sous surveillance spéciale », ajoutant que cette décision « s'accompagnerait de la désignation d'un contrôleur[44] ».

Pour alléger les besoins de liquidités de DCL, le management de Dexia transfère quelques actifs gourmands en liquidités vers DBB, notamment les obligations adossées à des crédits immobiliers italiens. Mais, lorsque DCL veut vendre à sa cousine belge des obligations japonaises, le contrôleur belge ne donne pas son autorisation à l'opération.

Malgré tout, on pense être définitivement sorti de l'ornière. Lors de la Journée des investisseurs organisée à la mi-octobre 2010, le patron du groupe se veut confiant : Pierre Mariani table sur un résultat brut (avant impôt) de 1,8 milliard d'euros en 2014, qui devrait être généré en grande partie par la banque de détail. Et Denizbank, la filiale turque, jouera un rôle moteur : ses revenus représentaient 8 % des revenus totaux du groupe en 2007, ils devraient peser 27 % en 2014, année où les besoins de financement court terme ne devraient plus s'élever qu'à une petite cinquantaine de milliards. Si on lui laisse encore trois ou quatre ans, Dexia sera une banque classique et profitable. Si.

---

44. Voir la leçon 2 de la troisième partie, consacrée aux régulateurs.

Chapitre 3
LA FIN

Quand Pierre Mariani dévoile le chiffre, il y a quelques toussotements dans la salle : 3,6 milliards ! Le groupe veut s'infliger 3,6 milliards de pertes ! Ce comité stratégique[45] du 9 mai 2011 n'est pas une réunion comme les autres. « Nous avons accumulé en 2009 et 2010 beaucoup de fonds propres supplémentaires, en réduisant le bilan et en accumulant les résultats, explique Pierre Mariani. Depuis le mois de mars, nous explorons les moyens d'utiliser cet excédent de capital. » Et le patron de Dexia présente son plan : vendre d'un coup le solde du portefeuille américain de Financial Products et un paquet de 18 milliards d'euros d'obligations. L'opération permet d'éradiquer une bonne fois pour toutes ce qui restait de risque aux États-Unis et de réduire de 20 milliards d'euros les besoins de liquidités court terme du groupe. Mais à quel prix ! Une perte de 3,6 milliards d'euros : 1,9 milliard sur les Financial Products et 1,7 milliard sur le portefeuille obligataire. Ce remède de cheval fait tiquer certains administrateurs, notamment la présidente d'Arco. S'ils acceptent, les actionnaires peuvent dire adieu à leur dividende, même si celui-ci est payé en actions. Or, on sait l'importance de ce

45. Le comité stratégique regroupe la crème des administrateurs : autour du président Jean-Luc Dehaene et du CEO Pierre Mariani, on y trouve pour l'État français Olivier Bourges (directeur général adjoint de l'Agence des participations de l'État), pour l'État belge Koen Van Loo (administrateur délégué de la Société fédérale de participations et d'investissement), Antoine Gosset-Grainville (Caisse des dépôts), Francine Swiggers (Arco), Francis Vermeiren (Holding communal) et Bernard Thiry (Ethias).

dividende pour des structures surendettées telles qu'Arco et le Holding communal.

Pourquoi s'infliger une telle douleur? Parce que, depuis l'automne, la crise de la dette des pays de la zone euro s'est sensiblement aggravée. On ne parle plus seulement de la Grèce, dont le problème n'est pas résolu malgré le premier plan d'aide de 110 milliards d'euros conclu en mai 2010: on assiste, depuis la mi-octobre 2010[46], à une contagion manifeste qui a fait tomber le Portugal et l'Irlande, et qui touche aussi – c'est cela le plus important pour Dexia – l'Italie et l'Espagne. Le management de Dexia, lucide, craint que cette crise européenne s'aggrave encore.

Or, l'évolution des taux européens est en train d'asphyxier Dexia. Comment? D'abord parce que le groupe détient un portefeuille d'obligations grecques de plus de 5 milliards d'euros sur lequel il devra assumer une perte, au final, de 70%. Ensuite parce que le climat qui pénalise les pays européens les plus fragiles est tel que, désormais, les deux grandes filiales méditerranéennes, Crediop en Italie (total de bilan: 45 milliards d'euros) et Sabadell en Espagne (bilan de 16,5 milliards), sont invendables. Contrairement à ce que diront certains, ce n'est pas faute d'avoir essayé dès 2009: Pierre Mariani et Alexandre Joly rencontreront plusieurs fois les autorités italiennes pour tenter de vendre Crediop. Une banque d'affaires italienne fondée par un ancien de Lazard (Vitale & Associati) sera même engagée pour ce faire, mais les candidats acquéreurs fuient dès qu'ils voient les besoins de financement qu'exige cette entité italienne. En outre, la baisse des obligations italiennes et espagnoles restreint les sources de financement

46. Sur les erreurs européennes qui ont provoqué l'embrasement, voir la leçon 1 de la troisième partie.

du groupe : pour avoir des liquidités, notamment auprès de la Banque centrale européenne, Dexia donne ces obligations en gage[47]. Les banques les acceptent, mais avec une décote puisqu'elles valent moins sur les marchés. Plus ces obligations baissent, moins Dexia reçoit de liquidités. Ainsi, le groupe reçoit moins de financement par les opérations de prises en pension alors que, justement, ses besoins augmentent, en raison encore une fois de l'évolution des taux. Mais des taux allemands, cette fois.

Swaps mortels

Pour bien le comprendre, il faut se rappeler ce qu'est le « système Dexia » : emprunter dans les marchés à court terme, parce que les taux sont peu élevés, pour octroyer des crédits aux communes ou acheter des portefeuilles d'obligations sur dix, quinze, vingt ou trente ans. Des actifs qui procurent des taux plus élevés mais qu'il faut détenir très longtemps.

Le système génère de jolis profits tant que les taux courts sont bas. Mais il peut arriver qu'ils remontent. Dexia doit alors payer davantage pour se financer et voit sa marge bénéficiaire se réduire. Si les taux longs remontent, son portefeuille obligataire perd de la valeur (puisque les cours des obligations évoluent en fonction de la valeur inverse des taux). Comment faire pour éviter ce risque ? La solution, Dexia l'a trouvée dans l'ingénierie financière : la banque va tout mettre à taux variable, aussi bien son financement que ses obligations ou les crédits qu'elle octroie. C'est possible grâce à des instruments financiers

47. Ces opérations sont appelées des « prises en pension » dans le jargon de la finance.

qui s'appellent des swaps de taux. Dexia va transformer les revenus à taux fixe qu'il perçoit de ses obligations ou de ses crédits en revenus à taux variables. Comment ? En échangeant ses flux d'intérêt à taux fixe contre du taux variable avec une autre banque qui, elle, désire au contraire recevoir des flux à taux fixe. Dexia va donc d'un côté recevoir des revenus à taux variables et de l'autre payer ses financements à taux variables. Et il va continuer à gagner de l'argent parce que le taux variable qu'il reçoit est plus élevé que le taux variable qu'il paie. Dexia bénéficie en effet d'un très bon rating, et peut emprunter bon marché.

Grâce à ces swaps, la banque est immunisée contre la hausse des taux, mais elle a créé un autre risque. Le danger, lorsque l'on conclut un swap, est que la contrepartie n'honore pas son contrat. Dès lors, chacun des signataires du swap met en gage auprès de l'autre du « collatéral » (de l'argent ou des titres de bonne qualité et facilement vendables) pour la valeur du swap. Mais cette valeur varie chaque jour en fonction de l'évolution des taux. La banque contrepartie de Dexia qui reçoit du taux fixe voit la valeur de son swap augmenter quand les taux baissent. Ce qui est logique, car si elle devait refaire ce swap à ces nouvelles conditions de marché, elle recevrait moins d'intérêts. La banque qui conclut un swap avec Dexia pour recevoir du taux fixe est donc en droit de demander davantage de collatéral, puisque ce swap vaut plus. Résumons : au fil des ans, le groupe a donc construit un système de protection contre la hausse des taux en concluant des masses de swaps qui sont de plus en plus gourmands en liquidités lorsque les taux allemands baissent.

Cette couverture prend une très large ampleur : lors de la Journée des investisseurs d'octobre 2010, Dexia indique

que ces swaps couvrent un montant « notionnel » de 1 600 milliards d'euros. Trois fois le bilan de la banque. Pourquoi ? Parce que, lorsqu'on n'a plus besoin d'un swap, il est souvent plus facile, plutôt que de « déboucler ce contrat », d'en conclure un autre en sens inverse. Souvent, aussi, une entité de Dexia qui a besoin de se couvrir passe d'abord un contrat de swap en interne, avec le centre de trésorerie du groupe, lequel passe ensuite un contrat avec une banque externe. Ce qui fait deux swaps pour une seule couverture. Ces swaps, explique Dexia, couvrent tous les risques de taux et de change de la banque. En outre, Dexia effectue des swaps pour le compte d'autrui, et notamment des collectivités à qui il a vendu des emprunts structurés[48]. Là aussi, quand Dexia conclut un swap dans un sens pour une collectivité, la banque en conclut un autre en sens contraire pour se couvrir. Les contreparties de Dexia commencent donc à réclamer des garanties de plus en plus élevées au fur et à mesure que les taux allemands baissent.

Ces garanties exigées deviennent énormes parce que le bilan de Dexia est gigantesque. Face aux analystes, Dexia avoue en octobre 2010 que toute baisse des taux allemands de 10 points de base[49] nécessite la mobilisation de 1,2 milliard de gages supplémentaires. Or, en raison de la crise de la dette dans la zone euro, les taux allemands vont baisser de manière spectaculaire, passant de 3,5 % à 1,7 % entre avril et octobre 2011.

Lorsque la Commission européenne donne son accord au premier plan de restructuration du groupe en

48. Les crédits structurés et toxiques sont traités dans la leçon 5 de la troisième partie.
49. 1 % = 100 points de base. Une baisse de 10 points signifie une baisse de 0,1 %. Soit, par exemple, quand le taux allemand passe de 2,5 % à 2,4 %.

février 2010, elle souligne déjà ce danger. « De l'analyse du bilan de Dexia à la fin 2008, il ressort que la valeur de marché à l'actif des produits dérivés est de 55 milliards d'euros et que celle au passif du bilan est de 75 milliards d'euros, créant un écart négatif important de l'ordre de 20 milliards d'euros, provenant essentiellement de produits dérivés de taux d'intérêt », constate-t-elle. En septembre 2011, ce n'est plus 20, mais 44 milliards que Dexia devra mobiliser pour payer les appels de marges sur son portefeuille de swaps… Un montant qui correspondra à près de la moitié des besoins totaux de financement court terme du groupe, qui s'élèveront alors à 96 milliards.

Mais, en ce début 2011, Dexia ignore encore la fin de l'histoire et se demande comment réagir face à la détérioration du climat dans la zone euro. Une solution envisagée depuis des mois consiste à créer un partenariat avec la Banque postale, qui est riche en dépôts (70 milliards d'euros, qui pourraient servir à financer le métier de banque des collectivités locales en France). La piste d'un rapprochement entre les deux établissements a déjà été évoquée fin 2008. L'idée, poussée par la Caisse des dépôts, permettrait en effet de rééquilibrer un groupe dont le gros des engagements se trouve logé sous DCL, le pôle français, alors que le gros des dépôts se trouve en Belgique, sous DBB. Elle resurgit fin 2009 lorsqu'il faut recapitaliser le groupe La Poste, la maison mère de la Banque postale, avec, notamment, l'argent de la Caisse des dépôts. Et l'idée n'est pas abandonnée ensuite, comme le confirme Francine Swiggers, la présidente d'Arco : « Une chose qui nous a été dite par M. Mariani, en 2010, est qu'il pourrait bénéficier des liquidités de la Banque postale. Et la question a été posée régulièrement en conseil d'administration. »

Mais la Banque postale a d'autres ambitions que celle de servir de béquille à Dexia. Patrick Werner, qui préside alors le directoire de la Banque postale, ne cache pas qu'il préfère allouer ses dépôts au financement des PME, jugé plus lucratif, que de financer les collectivités locales. La Banque postale signe néanmoins un accord début 2011, mais d'une ampleur bien moindre que ce qui avait été envisagé au départ : elle promet simplement à Dexia de lui acheter 3,5 milliards d'euros de covered bonds. « L'impossibilité de conclure un accord de liquidités avec la Banque postale est certainement un des échecs de Pierre Mariani », assurent encore aujourd'hui plusieurs administrateurs.

Premier coup de semonce

Voilà pourquoi, ce 9 mai 2011, le patron de Dexia propose cette douloureuse coupe claire : se débarrasser des Financial Products et vendre 18 milliards d'obligations. Face au comité stratégique, Pierre Mariani explique pourquoi il faut agir maintenant : « Il existe aujourd'hui une fenêtre d'opportunité pour céder les Financial Products. Il faut le faire : je n'ai aucune confiance dans le marché américain. » Mais le patron de Dexia veut aller plus loin encore : puisqu'il n'est pas possible de vendre Crediop et Sabadell, il faut pouvoir proposer aux autorités européennes de se défaire en échange d'une autre entité. Pourquoi ne pas vendre, à la place, l'activité d'assurance en Belgique (Dexia Insurance Belgium) ? Cela ne réjouit pas le clan belge.

Une perte de 3,6 milliards d'euros, pas de dividendes et la vente des assurances en Belgique. Cela fait beaucoup à avaler en une journée. « N'êtes-vous pas trop pessimiste ? », demandent des administrateurs à Pierre Mariani. Certains d'entre eux, et plus particulièrement les représentants des grands actionnaires belges, demandent un délai de réflexion de deux semaines. Il leur est accordé.

Quelques jours plus tard, Pierre Mariani est au Japon lorsqu'on l'appelle. Les équipes de Bruxelles ont reçu un message de l'agence de notation Standard & Poor's: « Nous avons pris la décision de dégrader les notes court terme et long terme. » Lors d'une conférence téléphonique avec S&P qu'il tient depuis le Japon, Pierre Mariani se défend. Il explique qu'un programme massif de vente d'actifs a été décidé et qu'un conseil d'administration se réunira dans les dix jours pour entériner ces décisions. S&P reçoit l'argument: l'agence n'annonce pas de dégradation, mais elle place les notes de Dexia sous revue.

Dexia anticipe cependant la conséquence qu'une action sur son rating pourrait avoir sur son financement[50] en dollars. Le groupe met en place un système pour pallier une fermeture inopinée des robinets américains. La solution est simple: on ouvre plus grand les robinets en euros et l'on change une partie de ces euros en dollars. Le groupe accroît donc ses financements en euros et échange cet excédent d'euros contre du billet vert. Lorsque S&P met la note de Dexia sous revue, le matelas de liquidités en dollars de la banque disparaît, passant en quelques jours de 34,5 milliards à 8,8 milliards.

Ces événements ont plusieurs conséquences. D'abord, Pierre Mariani rentre dare-dare du Japon et convoque un nouveau comité stratégique le 26 mai, suivi d'un conseil d'administration le 27. Il n'est pas foncièrement optimiste quand il présente son plan aux administrateurs: « Je ne

50. Ce mécanisme est expliqué plus en détail dans la leçon 3 de la troisième partie.

sais pas si la décision d'accélérer notre deleveraging nous évitera la dégradation, dit-il. Mais, si nous ne la prenons pas maintenant, nous serons certainement dégradés. Avec pour conséquences la disparition de notre financement à court terme et un sérieux problème. » Le conseil vote donc en faveur de ces ventes d'actifs accélérées.

Ensuite, ce coup de semonce fait réfléchir. La cessation de paiement a pu être évitée parce que Dexia avait anticipé le communiqué de Standard & Poor's et s'était bâti un matelas de liquidités en dollars. Mais ce matelas a été constitué avec la laine de Dexia Banque Belgique : c'est DBB, en effet, qui est devenu le centre de trésorerie du groupe, qui a sollicité davantage de financement dans le marché afin d'aider DCL, la filiale qui consomme l'essentiel du financement en dollars.

Désormais, Dexia ne dispose plus de réserves pour faire face à une dégradation de la situation sur le marché de l'euro. Et les lignes de liquidités entre DBB et DCL sont tendues à l'extrême[51]. DBB avance désormais entre 20 et 30 milliards d'euros à sa cousine DCL.

Dernières volontés

Les autorités sont bien conscientes que, désormais, Dexia est sur la corde raide. « Dès le mois de juin, il devient clair qu'un *liquidity contingency plan* [plan d'urgence pour faire face au problème de liquidités], pour employer la dénomination de Dexia, était devenu nécessaire »,

51. Au début du mois d'avril 2011, DBB octroyait pour 12,1 milliards d'euros de crédits à DCL. Au 1er juillet, le montant était passé à 28,2 milliards (il s'agit de montants nets, c'est-à-dire de la différence entre les crédits de DBB sur DCL et ceux de DCL sur DBB).

indique Koen Van Loo, l'administrateur délégué de la SFPI (Société fédérale de participations et d'investissement).

Les autorités belges vont plus loin encore. Anticipant un problème insoluble, elles songent à isoler Dexia Banque Belgique des conséquences d'un effondrement de la maison mère. Ainsi, la Banque nationale de Belgique, l'autorité régulatrice[52], écrit à Dexia afin de demander que les lignes de liquidités de DBB vers DCL soient sécurisées[53] au maximum. Le contrôleur alerte aussi les autorités politiques belges (le Premier ministre, Yves Leterme, et le ministre des Finances, Didier Reynders). En fait, la décision de S&P provoque, dès la fin du mois de mai, un branle-bas de combat sur tous les ponts, et l'on commence à envisager le pire.

Comme le souligne le rapport de la Commission parlementaire belge sur Dexia, « quatre protagonistes ont activement échafaudé des scénarios de démantèlement à partir de mai 2011 : la Banque nationale de Belgique, en tant qu'autorité prudentielle dans le cadre de la préservation de la stabilité du système financier ; l'État belge, préoccupé du sort d'une banque systémique au niveau national dès qu'il devenait probable que le groupe ne puisse plus soutenir son "business model" ; l'État français, soucieux de préserver la continuité du financement des entités locales

52. Entre 2010 et 2011, l'autorité de contrôle des banques belges, donc de Dexia, change : jusqu'au 26 octobre 2010, il s'agit de la CBFA (Commission bancaire, financière et des assurances). Mais, au 1er avril 2011, c'est la Banque nationale de Belgique qui reprend cette compétence. Pour favoriser un passage de flambeau sans heurt, on instaure entre fin octobre et fin mars une période transitoire au cours de laquelle les deux contrôleurs, l'ancien et le nouveau, se retrouvent au sein du Crefs (Comité des risques et établissements financiers systémiques). À l'été 2011, donc, le gendarme de Dexia est la Banque nationale de Belgique.
53. Autrement dit, les autorités belges demandent que, lorsque DBB prête à DCL, DCL mette en garantie des obligations ou du cash.

en cas de défaillance du groupe (et donc pour qui l'enjeu est considérablement moins prégnant que chez les autres acteurs) ; et Dexia lui-même, qui devait considérer [...] des alternatives à la revente accélérée du portefeuille Legacy dès le moment où elle s'avérerait insuffisante[54] ».

Sur le terrain, Dexia met en œuvre les décisions prises le 27 mai : le groupe commence à céder ses obligations et à préparer la vente de son paquet de Financial Products. « Malheureusement, début juin, observe Pierre Mariani, la Réserve fédérale rate la vente de certains de ses portefeuilles de subprimes. Conseillée, comme nous, par BlackRock [une société d'investissement américaine], elle voulait céder ces titres par le biais d'adjudications. C'est un échec, l'adjudication est retirée au dernier moment par la Fed, juste au moment où nous commençons à vendre. Nous changeons alors de tactique : nous ne faisons pas d'adjudication, nous allons trouver directement les acheteurs. » Dexia arrive à céder ses titres américains entre le 15 juin et la fin du mois de juillet. Mais pas au prix qu'il avait escompté lorsqu'il avait présenté l'opération le 9 mai. « Ce retard de quinze jours (le délai entre le premier et le deuxième comité stratégique) nous a coûté 300 à 400 millions de dollars sur la liquidation du portefeuille », estime Pierre Mariani.

Les premières tensions entre la Belgique et Dexia apparaissent aussi à ce moment. Les autorités belges sont prises entre deux nécessités contradictoires : celle d'équilibrer un budget à court terme et celle de sauver un groupe systémique qui, en sombrant, risquerait d'entraîner avec lui la Belgique, qui s'est portée garante de son financement

54. Rapport de la Commission parlementaire belge sur Dexia, mars 2012.

à hauteur de 60,5 %. « Nous avons alors des discussions avec l'État belge sur la vente des Financial Products, révèle Pierre Mariani. La Belgique touchait en effet une commission en apportant sa garantie sur ces instruments, et par cette vente accélérée elle perdait une recette financière. L'État belge voulait être payé parce que nous abandonnions les garanties sur ces Financial Products. Il nous a demandé une commission de sortie pour équilibrer le budget. J'ai des lettres incendiaires du ministre des Finances, Didier Reynders. Inutile de dire que Dexia n'a jamais payé ! »

Dans le courant du mois de juin, le régulateur belge demande aussi à Dexia de préparer, pour parer à toute éventualité, son *living will*, soit les « dispositions de fin de vie ». Ce doit être un exercice théorique, qui résulte d'une décision prise lors d'un G20 : toutes les grandes institutions financières systémiques doivent préparer avec leur régulateur un « plan de résolution ordonnée » au cas où… Le régulateur belge commence cet exercice imposé avec Dexia. Il sait bien pourquoi.

Pendant ce temps, en effet, les agences de notation ne relâchent pas la pression. Le 7 juillet, Standard & Poor's confirme la mise sous revue des notes de Dexia, ajoutant qu'elle l'assortit d'une « perspective négative ». Le lendemain, Moody's dégrade les notes long terme du groupe, mais – et c'est le plus important – maintient ses notes court terme en assortissant cette décision d'une perspective « stable ». À ce moment, au sein du conseil d'administration de Dexia, on se prend à espérer un retour des liquidités. Mais elles ne reviennent pas. La crise grecque s'aggrave. Le sommet du 21 juillet 2011, qui doit régler le problème, ne résout rien. Les marchés accroissent encore leur pression sur la Grèce comme sur l'ensemble des pays fragiles, et sur les banques européennes, qui, parce qu'elles portent l'essentiel des dettes des États européens, sont en première ligne.

C'est donc dans ce contexte tourmenté que le management de Dexia rencontre à la mi-juillet Luc Coene, le patron de la Banque nationale de Belgique, pour discuter de ce *living will.* « Nous effectuons des exercices en chambre. Nous voyons ce qui est vendable, et à quoi ressemblerait le groupe ensuite, se souvient un membre du management de Dexia. Dans aucune des hypothèses, la cession de DBB n'est envisagée. Il y a en revanche des schémas de séparation des portefeuilles, et Denizbank était parmi les possibilités de cession. »

Ce premier plan consiste à réduire Dexia à ses deux entités fondatrices, DBB (comprenant DIB, Dexia Insurance Belgium) et DCL (avec, sous DCL, Crediop et Sabadell), et à vendre le reste : la BIL, Denizbank, la gestion d'actifs (DAM) et le partenariat avec Royal Bank of Canada dans la conservation de titres. Ainsi qu'un bloc énorme du portefeuille obligataire : 43 milliards d'euros. Mais le prix à payer est énorme : une perte estimée à 8,1 milliards d'euros. Trop pour la Banque nationale de Belgique, qui rejette ce premier plan.

Pendant ce temps, l'échec du sommet européen du 21 juillet pousse les taux allemands vers le bas. Ce qui augmente les demandes de garanties que Dexia doit verser à ses contreparties et accroît donc les besoins de liquidités du groupe. Il faut agir.

Le comité stratégique qui avait examiné en juillet les diverses options de cession se réunit de nouveau le 3 août. On passe en revue ce qui est vendable, à l'exception de Denizbank, qu'on ne mentionne pas. En revanche, on parle des activités d'assurance en Belgique (DIB), de la Banque internationale à Luxembourg (la BIL), du partenariat dans la conservation de titres avec Royal Bank of Canada, de la gestion d'actifs (Dexia Asset Management). Mais ce sont des actifs dont la vente n'allégerait pas fondamentalement les besoins de financement de Dexia.

Ce qui allégerait ces besoins de financement d'une bonne dizaine de milliards d'euros, en revanche, serait la cession de Dexma, le véhicule de refinancement des collectivités locales. Dexma (Dexia Municipal Agency) est en effet le principal « moteur » de DCL. C'est la société, longtemps notée triple A[55], qui refinance les prêts aux collectivités via des obligations foncières ou des obligations sécurisées. Dexma détient un portefeuille de crédits aux pouvoirs publics (essentiellement français) de 74 milliards d'euros environ. Si Dexia pouvait se défaire de ce portefeuille (dans lequel se trouvent les 16 milliards d'euros de crédits « structurés », dont certains sont toxiques), cela soulagerait grandement le groupe.

Un schéma est mis sur la table : d'une part, une structure dans laquelle on retrouverait surtout la Caisse des dépôts et Dexia reprendrait les anciens crédits aux collectivités, dont certains sont toxiques. D'autre part, une nouvelle banque serait créée avec la Banque postale et la Caisse des dépôts pour faire de nouveaux prêts aux collectivités, à partir des dépôts de la Banque postale. « Nous discutons avec l'État français et nous poussons l'idée d'une cession de Dexma vers le 15 août », confirme Pierre Mariani. Mais la discussion bute sur les réticences de la Caisse des dépôts, qui ne désire pas perdre sa note

55. Au moment de la rédaction de cet ouvrage, soit à la mi-juin 2012, Dexma bénéficiait encore d'une note AAA chez Fitch et S&P, et Aa2 chez Moody's.

triple A en s'alourdissant encore d'un portefeuille à potentiel toxique.

Pendant que la France songe à sauver le financement de ses collectivités, la Belgique travaille à sauver Dexia Banque : tout au long du mois d'août, la Banque nationale échafaude des scénarios de *bad bank* (cantonnement des mauvais actifs dans une structure *ad hoc*) ou de *good bank* (laisser dans Dexia les mauvais actifs et sauver les bons en les isolant, c'est-à-dire en les rachetant ou en trouvant des acquéreurs).

Le 25 août, la situation devient tellement tendue que Luc Coene écrit au patron de Dexia pour lui demander d'accélérer les ventes d'actifs. La BNB demande à être tenue au courant quotidiennement de l'état d'avancement des initiatives du groupe et donne à Dexia jusqu'à fin octobre pour trouver une solution.

Nous voilà en septembre, et Dexia tire tous les fils : les financements des banques centrales, les lignes de liquidités intragroupes (celles de DBB vers DCL essentiellement). Les autorités doivent intervenir pour continuer à abreuver le groupe. D'abord en permettant à Dexia de réaliser des « asset swaps » : la banque échange (moyennant paiement) des actifs inéligibles aux opérations de financement de la BCE contre des actifs éligibles. Un échange qui est effectué avec les banques centrales française et belge, et non des banques privées, pour ne pas attirer l'attention sur la situation délicate du groupe franco-belge. Autre ficelle pour faire tenir l'ensemble : on invite la Caisse des dépôts à se présenter aux enchères du Trésor français, qui organise quotidiennement la rencontre entre les établissements en excès de liquidités et ceux en demande d'argent. Dexia fait évidemment partie de la seconde catégorie et se présente chaque jour à ces opérations. Mais personne ne veut plus lui prêter. Alors, on presse la CDC de se présenter à ces enchères et de prêter à Dexia.

On le sait, ces expédients ne peuvent être que de courte durée. Au niveau politique, la France et la Belgique sont désormais convaincues qu'il faut démanteler le groupe. Et le conseil d'administration du 6 septembre tire le même constat : le business model s'est effondré.

Rencontre à Washington

La France se mobilise alors pour sauver l'essentiel à ses yeux : le financement des collectivités locales. Le 12 septembre 2011, le ministre de l'Économie, François Baroin, doit éluder une réunion du G20 à Istanbul. La situation sur les marchés est telle que Dexia n'en a plus que pour quelques jours. François Baroin convoque les responsables de la Caisse des dépôts, Augustin de Romanet et Antoine Gosset-Grainville, afin de voir comment sortir du groupe moribond le métier de financement des pouvoirs publics pour le reloger dans la CDC. Recréer une CAECL, en quelque sorte. Mais les deux responsables de la Caisse ne veulent pas porter seuls ce fardeau. Il faut mobiliser la Banque postale, qui, traînant des pieds, se joint aux négociations. Celles-ci dureront deux semaines et seront ardues.

Le patron de Dexia, Pierre Mariani, celui des participations de l'État, Jean-Dominique Comolli, le président du directoire de la Banque postale, Philippe Wahl, et le numéro deux de la Caisse des dépôts, Antoine Gosset-Grainville, se rencontrent pratiquement tous les jours. Mais « le périmètre de la transaction, son prix, les engagements de reprise du stock de prêts aux collectivités locales logés au sein du véhicule de refinancement… tout bloquait », se souvient un négociateur[56]. On fait donc intervenir René Ricol, un expert financier indépendant, comme conciliateur le week-end des 24 et 25 septembre. Il commence par éjecter les multiples consultants et conseillers qui gravitent autour de la table des négociations.

Pendant ce temps, la Belgique se mobilise aussi. Les autorités qui ont rejeté le premier plan de Dexia de juillet acceptent un plan B. Il tient compte de l'adossement de Dexma qui se prépare en France, de la vente des actifs qui avaient été mentionnés en juillet (la BIL, Deniz, DAM, RBC, auxquels on ajoute DKD en Allemagne et Sabadell en Espagne) et, surtout, de la cession de DBB à l'État belge. Ce qui resterait dans Dexia? DCL sans Dexma: à savoir essentiellement Crediop et un lourd portefeuille obligataire. Voilà le plan belge de démantèlement du groupe.

Le plan français, lui, est moins radical: il consiste à poursuivre la mécanique des « asset swaps », à finaliser la reprise du portefeuille de crédits aux collectivités par la CDC et à confier à la Banque postale l'activité de fourniture de nouveaux crédits.

On est prêt à négocier de part et d'autre. Déjà, depuis quelques semaines, il y a des contacts informels entre les banques centrales des deux pays, et entre le Trésor français, le cabinet de François Baroin et celui de Didier Reynders. Mais il s'agit maintenant d'organiser une rencontre formelle. Pourquoi ne pas profiter de la tenue, les 24 et 25 septembre, de l'assemblée générale annuelle du Fonds monétaire international, à Washington? La réunion a lieu le 24 dans l'après-midi, au siège de la représentation française. Avec, côté français: François Baroin, Ramon

56. Cité dans *Les Échos* du 19 octobre 2011.

Fernandez (directeur du Trésor), Christian Noyer (gouverneur de la Banque de France), etc. ; côté belge : le ministre des Finances, Didier Reynders, son chef de cabinet, Olivier Henin, et Pierre Wunsch, directeur auprès de la Banque nationale de Belgique. « Lors de cette première prise de contact officielle, chacun a marqué son territoire, se rappelle un des participants belges à cette réunion. La France voulait sanctuariser le financement de ses collectivités locales et racheter Dexma. Nous, nous avions des questions sur l'avenir de l'ensemble et sur la protection de la banque des particuliers en Belgique. »

L'estocade

Mardi 27 septembre, les administrateurs sont informés des difficultés qui existent en France pour aboutir à un accord sur la cession de Dexma. Les discussions tournent aussi autour des dépôts : les clients sont de plus en plus nerveux, et la petite érosion que l'on observait depuis la fin du mois d'août se mue en véritable fuite. Face aux rumeurs de scission qui se multiplient, Jean-Luc Dehaene fait parvenir un communiqué : « Contrairement à certaines rumeurs, le conseil d'administration et les actionnaires de Dexia, qu'ils soient publics ou privés, excluent tout scénario de scission du groupe. » Le conseil parle en effet de vente d'actifs, mais pas de vendre Dexia Banque Belgique.

Jeudi 29 septembre, à 22 h 26, Dexia reçoit son arrêt de mort. Le message est envoyé par l'agence de notation Moody's. C'est un projet de communiqué. « Nous comptons, dit l'agence, mettre sous revue vos notes de financement à court terme et à long terme, ainsi que la note de solidité intrinsèque de vos trois grandes filiales opérationnelles : Dexia Banque Belgique (DBB), Dexia Crédit local (DCL) et Dexia Banque internationale à Luxembourg (DBIL). » Cette note (*« the standalone Bank financial strength ratings* [BFSR] » dans le jargon de l'agence) évalue la capacité de Dexia à supporter un choc. Cette décision est motivée, explique encore Moody's, par « notre inquiétude quant à la poursuite de la détérioration de la position de liquidités du groupe, à la lumière de la dégradation des conditions de financement dans le marché ».

Le patron de Dexia, Pierre Mariani, tient une conférence téléphonique tendue avec Moody's le lendemain. Il rappelle qu'il a sur le feu diverses opérations de désinvestissement qui doivent alléger sensiblement le groupe et ses besoins de liquidités. De fait, Dexia est déjà engagé depuis l'été dans le projet de constitution d'une nouvelle banque des communes en France, qui permettrait d'alléger sa filiale française DCL. Le groupe avance aussi dans la cession de la BIL, la filiale luxembourgeoise. Et Dexia fait appel de la décision.

Peu après, toujours ce vendredi 30 septembre, Pierre Mariani appelle le ministre des Finances luxembourgeois. « Nous avions déjà eu des discussions auparavant autour de la vente de la BIL, et je dis à Luc Frieden que, suite à la menace de Moody's, nous pourrions être conduits à vendre la banque luxembourgeoise », raconte le patron de Dexia. Les deux hommes évoquent des acheteurs potentiels… et Luc Frieden ajoute : « J'aurais peut-être une idée. Je vous rappelle. » Il reprend en effet contact en fin de journée : « Le Qatar pourrait être intéressé par le rachat de la BIL, et l'État luxembourgeois serait prêt à participer au montage. » Le lendemain, samedi 1er octobre, Pierre Mariani et le patron de la BIL, François Pauly, s'envolent pour Doha. Ils y atterrissent dans la nuit.

Pendant ce temps, à Bruxelles, les États négocient. Ce même 1er octobre, des experts français et belges se retrouvent dans les locaux de la Banque nationale, boulevard de Berlaimont. Et c'est là, pour la première fois, que la Belgique lâche face à la délégation française qu'elle veut racheter Dexia Banque Belgique. « Nous arrivons en effet avec la possibilité de racheter DBB, avoue un négociateur belge. Nous avions l'information que la France voulait rapidement sortir Dexma. Nous voulions éviter que les Français sortent avec Dexma et nous laissent, nous et les actionnaires, avec le reste. Et que DBB, pourvoyeuse de liquidités, se retrouve à servir de "vache à lait" et à subir les tensions du holding. Alors oui, nous mettons sur la table la sortie de DBB et la nationalisation[57] en dernier recours, comme une menace. »

La divergence de vues est frappante lors de ces négociations franco-belges. La France estime que la véritable échéance pour Dexia se situe le 8 novembre, jour de publication des résultats. Elle craint une réaction négative des marchés lorsque le groupe devra divulguer de lourdes pertes sur son portefeuille obligataire, étrillé par la crise de la zone euro. Ce calendrier rend la Belgique sceptique. Les experts belges sont davantage en prise directe avec la banque de détail, et perçoivent que l'on est proche d'une fuite générale des dépôts, d'un *bank run*.

57. En 2008, lors du démantèlement de Fortis, la Belgique avait été traumatisée par la menace des Pays-Bas de nationaliser le pôle bancaire aux Pays-Bas, lequel avait pompé un énorme paquet de liquidités qui était resté prisonnier pendant quelque temps dans le pôle néerlandais. La Belgique avait donc pris par la suite une loi permettant de nationaliser une banque systémique défaillante.

Dimanche 2 octobre, Pierre Mariani et François Pauly rencontrent les acheteurs qataris de la BIL. Ils déterminent déjà les contours d'une transaction. Mais, quelques heures avant de reprendre l'avion pour Paris, Pierre Mariani apprend que Moody's refuse l'appel.

Lundi 3 octobre, à 8 h 56, quatre minutes avant l'ouverture des marchés, Moody's lance son communiqué. La sanction est immédiate : l'action Dexia dévisse de 10 %. Surtout, les robinets de financement se ferment brutalement. Dexia, dont le besoin de financement à court terme s'élève encore à 96 milliards d'euros, sera inéluctablement étranglé si l'on n'agit pas rapidement. Il faut convoquer un conseil. Celui-ci, qui débute en début de soirée, est le théâtre de grands débats. Les administrateurs connaissaient la situation très délicate du groupe ; ils savaient depuis la fin du mois d'août que la Banque nationale de Belgique voulait accélérer les cessions d'actifs, mais ils ne s'attendaient pas au démantèlement. Aucun plan précis n'est défini, car Olivier Bourges, le représentant du gouvernement français, exprime une exigence : « La France ne veut pas parler, à ce stade, de structure de cantonnement. » Car qui dit cantonnement dit garantie. Et qui dit garantie dit, pour la France, le risque de perdre son précieux triple A. Ce débat avec Olivier Bourges, qui ne peut se trouver à Bruxelles, se fait par téléphone, ce qui rend la discussion encore plus pénible. Au départ, on parle d'isoler les franchises commerciales, de cantonner les actifs non cessibles et de vendre les autres (sauf DBB), mais le communiqué est par trop explicite : il faut l'adoucir. On en fera neuf versions, ce qui commence à énerver sérieusement Jean-Luc Dehaene. Au final, le conseil publie un communiqué tellement sibyllin qu'il en est désastreux :

« L'aggravation de la crise des dettes souveraines européennes et les tensions induites sur le marché interbancaire ont conduit Dexia à accélérer son plan de restructuration en mai 2011. Cependant, dans l'environnement actuel, la taille du portefeuille d'actifs non stratégiques (dit Legacy) pèse structurellement sur le groupe en dépit de la bonne qualité de crédit de ses actifs. C'est pourquoi le conseil d'administration a demandé à l'administrateur délégué de préparer, en concertation avec les États et les autorités de contrôle, les mesures nécessaires pour résoudre les problèmes structurels qui pénalisent les activités opérationnelles du groupe, et ouvrir de nouvelles perspectives de développement à ses franchises commerciales historiques en Belgique et en France. Les actionnaires du groupe souhaitent réaffirmer leur unité et leur solidarité dans l'étape qui s'ouvre aujourd'hui. Ils ont confirmé leur confiance dans le management de Dexia pour mener à leur terme ces opérations avec le souci constant de l'intérêt de l'ensemble des parties prenantes de Dexia. Les États actionnaires ont confirmé leur volonté de soutenir le groupe Dexia, pour qu'il puisse mettre en œuvre ces différentes mesures de façon ordonnée et dans les meilleures conditions. »

Un modèle de langue de bois ! Le management de Dexia prévient les administrateurs français : « Avec un tel texte, nous prenons le risque de provoquer un *"run"* sur la banque. Quand il y a incertitude, il y a inquiétude. » Mais rien n'y fait. Mardi 4 octobre, ce communiqué flottant de Dexia provoque la panique. L'action accuse à l'ouverture un plongeon vertigineux de 40 %. Dans les agences de Dexia en Belgique et au Luxembourg, l'inquiétude atteint des sommets, ce qui oblige les deux ministres des Finances, Didier Reynders et François Baroin, à intervenir, alors qu'ils participent ce jour-là à un Eurogroupe[58] à Luxembourg. Ils publient un communiqué dans lequel ils garantissent qu'ils prendront toutes les mesures nécessaires pour assurer la sécurité des déposants et des créanciers. Le mot « garantie » est enfin prononcé. Mais, entre-temps, des centaines de millions d'euros de dépôts ont fui la banque. Entre le 3 et le 7 octobre, Dexia perd 4 milliards d'euros de dépôts belges et luxembourgeois ! Dexia met en place un centre d'appels pour tenter de rassurer les clients belges.

Le 5 octobre, les banques centrales françaises et belges remettent en place le système des ELA, ces lignes de liquidités d'urgence, afin de pallier la fuite des dépôts et la fermeture complète du marché interbancaire. Le 6, Dexia annonce qu'un conseil d'administration se réunira le samedi 8 octobre (finalement, le conseil sera repoussé au lendemain) et étudiera différentes options relatives à l'avenir du groupe. La situation devient dramatique : ce 6 octobre, Dexia ne dispose plus que de 10,8 milliards d'euros de financement court terme *unsecured*[59], contre une cinquantaine de milliards quatre mois plus tôt.

Vendredi 7 octobre, les négociations se poursuivent entre experts belges et français. Cette fois, les Belges sont invités à Bercy. Dans ce paquebot de béton en bord de Seine, on parle des garanties que les États devront de nouveau accorder au groupe bancaire. La France est inflexible : on reprend les clés de 2008, à savoir 60,5 % pour la Belgique, 36,5 % pour la France et 3 % pour le Luxembourg. Et l'on essaie de se mettre d'accord sur le prix auquel la Belgique

58. La réunion informelle des ministres des Finances de la zone euro, qui précède généralement le conseil Ecofin (formel, lui), qui réunit les ministres des Finances de l'Union européenne.
59. C'est-à-dire pour lesquels Dexia ne doit pas déposer de garantie.

rachètera Dexia Banque. La première proposition belge tourne autour de 2 milliards d'euros. La France, elle, estime que Dexia vaut ses fonds propres, à savoir 8 milliards. On pousse des hauts cris de part et d'autre, puis on essaie, petit à petit, de rapprocher les points de vue.

Pierre Mariani, de son côté, a prévu depuis longtemps de rencontrer la banque espagnole Santander, qui aurait pu être intéressée par l'un ou l'autre actif du groupe. Il maintient la réunion mais dit aux Espagnols : « Nous allons nous centrer sur un acteur particulier : Dexia Banque Belgique. Êtes-vous en mesure de faire une proposition ? » Santander répond par l'affirmative et remet sa proposition le lendemain. Le management de Dexia, qui sait que la Belgique est désormais décidée à racheter Dexia Banque, détient une carte pour faire monter les enchères.

Samedi 8 octobre, le prix de Dexia Banque est toujours la pomme de discorde entre l'État belge, Dexia et l'État français. La Belgique ne veut pas mettre plus de 1 % de son PIB, soit pas plus de 3,7 milliards d'euros. Pierre Mariani prévient les deux gouvernements : « Si vous n'arrivez pas à un prix correct, vous le ferez sans moi. Vous utiliserez les procédures légales de nationalisation, mais vous n'aurez ni l'accord du conseil ni celui du comité de direction. »

Les deux Premiers ministres doivent se rencontrer pour régler une bonne fois pour toutes cette querelle. Mais François Fillon n'est pas enthousiaste à l'idée d'aller à Bruxelles, pas plus qu'Yves Leterme à l'évocation d'un déplacement à Paris. Finalement, Pierre Mariani décroche son téléphone et appelle Matignon. « Ce serait bien d'aller à Bruxelles, dit-il. Démontrer un peu d'empathie et de considération en négociation, ce n'est pas un mal. » François Fillon ira donc à Bruxelles le lendemain.

Dimanche 9 octobre. Au menu : soupe de carottes, saumon à l'oseille, crème brûlée et… démantèlement de Dexia. À midi, au palais d'Egmont, le Premier ministre français est reçu à Bruxelles par son homologue, Yves Leterme, et par le ministre des Finances, Didier Reynders. La délégation française comprend également les chefs de cabinet de François Fillon et de François Baroin, ainsi que Jean-Dominique Comolli, le patron de l'Agence des participations de l'État. Le ministre luxembourgeois des Finances, Luc Frieden, son directeur du Trésor, Jean Guill, et les deux patrons du groupe, Pierre Mariani (administrateur délégué) et Jean-Luc Dehaene (président), sont également de la partie. Didier Reynders prend la parole et insiste sur le poids de l'effort belge par rapport à son PIB. Réplique de François Fillon :

– Mais, Didier, je ne savais pas que tu avais des marchands de bestiaux parmi tes ancêtres.

– Non, rétorque Didier Reynders, je ne vends pas des bestiaux, moi, je vends des banques.

Pierre Mariani laisse entendre qu'un groupe international (il ne nomme pas Santander) serait intéressé. Pour en finir, les deux Premiers ministres s'isolent. Ils gagnent la « salle de bains » du palais. C'est dans ce décor pompéien que l'on arrive à un accord : ce sera 4 milliards, mais, comme la Belgique recevra 270 millions d'un coup en paiement de sa garantie, elle ne déboursera pas plus de 1 % de son PIB. « Quatre milliards, oui, mais sans le pôle gestion d'actifs », dit Pierre Mariani. La Belgique doit s'incliner.

Le conseil d'administration actant la vente de Dexia Banque Belgique et la fin du groupe peut dès lors commencer dimanche après-midi. Il est dramatique. Le conseil accepte l'offre de rachat de DBB par l'État belge et la mise en place du nouveau mécanisme de garantie de financement, d'un montant maximum de 90 milliards d'euros, assuré par les États belge, français et luxembourgeois à hauteur de respectivement 60,5 %, 36,5 % et 3 %. Le conseil donne aussi mandat à Pierre Mariani pour qu'il entre en négociation exclusive avec la Caisse des dépôts et la Banque postale afin d'adosser Dexma à la Caisse. Et il confirme l'entrée en négociation exclusive avec un « groupe d'investisseurs » pour vendre la BIL.

Les discussions qui émaillent ce conseil sont parfois brutales, souvent amères. Surtout du côté français, où ce rachat de Dexia Banque Belgique est ressenti comme un coup de poignard dans le dos. Le clan belge, lui, est assommé. Les deux grands actionnaires, le Holding communal et Arco, ne détiennent plus que des actions sans valeur d'une banque résiduelle. Les communes belges et les coopérateurs du Mouvement ouvrier chrétien perdent chacun entre 1,5 et 2 milliards d'euros dans l'aventure.

Au moment de voter vers minuit le point le plus important, à savoir la vente de DBB, chacun se lève à tour de rôle pour prononcer l'oraison funèbre du groupe franco-belge. Un vote unanime, moins une voix : celle de Koen Van Loo, qui, représentant l'État belge, ne peut que s'abstenir.

Reste à rédiger le communiqué. Le gendarme belge des marchés, la FSMA, dont les responsables sommeillaient dans leurs bureaux en attendant l'issue du conseil, se montre à son réveil extrêmement pointilleux. Au point que finalement, pour couper court à tout reproche, on décide de joindre la lettre de l'offre de l'État belge sur DBB au communiqué.

Voilà. Il est près de 4 heures du matin ce lundi 10 octobre 2011. Un immense sentiment de gâchis envahit les membres du conseil. Dexia, le leader mondial du financement des collectivités locales, la première banque transfrontalière, le groupe qui rêvait de conquérir le monde, Dexia n'est plus qu'une banque résiduelle promise à une mort lente. Un rêve de quinze ans s'évanouit dans la nuit bruxelloise.

TROISIÈME PARTIE

LES LEÇONS

Il n'existe pas, dans l'histoire financière récente, d'exemple d'un groupe de la taille de Dexia qui ait dû être sauvé deux fois en trois ans. Les conditions de cette descente aux enfers méritent que l'on s'y attarde, car elles révèlent pratiquement toutes les faiblesses, tous les manquements, toutes les déviances que l'on reproche au système financier, et qui sont à l'origine de la gravité et de la longueur de la crise actuelle.

Des fautes énormes, naturellement, ont été commises par la banque, et nous y reviendrons. Mais elles ont été exacerbées par l'environnement dans lequel le groupe a évolué. Cette banque malade, intoxiquée à la croissance bilantaire, n'est pas la seule responsable de sa mise à mort : les régulateurs lui ont fourni la drogue, les instances européennes l'ont fait trébucher et les agences de notation lui ont porté l'estocade finale. Voici un retour sur le rôle de chacun des acteurs. Sur leurs fautes. Sur les leçons que l'on doit en tirer.

Leçon 1
LA FRAGILITÉ GÉNÉTIQUE DE LA ZONE EURO
Ou comment une banque peut être malade de l'Europe au point d'en mourir

La cause première de la chute de Dexia, c'est la crise de la zone euro. Cela ne signifie pas que le modèle de la banque n'était pas voué à exploser un jour, mais le naufrage de Dexia après le premier plan de sauvetage est bien dû à la tempête causée par l'Europe.

On s'est souvent plaint du manque de réaction des autorités européennes dans la crise, de leur absence de sens de l'anticipation, mais, en réalité, la crise de la zone euro, dont Dexia est l'une des victimes au même titre que la Grèce ou l'Irlande, a des causes bien plus profondes que la simple nonchalance des autorités. Dexia a été victime de trois erreurs européennes fondamentales. La première, c'est le mal congénital de la zone euro : en acceptant d'émettre leur dette dans une devise qui n'est pas la leur, puisque c'est une monnaie commune, les États membres de la zone euro ont introduit un grave virus dans le système. Virus qui pouvait être facilement soigné, mais dont on n'a pas voulu prendre la véritable dimension. Cette maladie explique que les marchés aient été si agressifs à l'égard de pays comme l'Espagne ou l'Italie, alors que le Royaume-Uni, les États-Unis ou le Japon, qui avaient un endettement parfois supérieur, ont été épargnés.

La deuxième erreur est ce que nous appellerons « l'erreur de Deauville » : l'accord franco-allemand d'octobre 2010, voulant forcer les investisseurs privés à assumer une partie de la perte sur les titres grecs, a été la cause de la propagation du mal à tous les pays fragiles de la zone euro, et surtout aux deux grands pour lesquels les marchés ne nourrissaient auparavant que peu d'inquiétude : l'Espagne et l'Italie.

La troisième erreur est le manque de crédibilité qui a transparu au fil des sommets européens successifs destinés à sauver la Grèce. Entre la fin de l'année 2009, moment où le problème grec commence à prendre de l'ampleur, et la fin octobre 2011, moment où il paraît, à tout le moins, saisi à bras-le-corps, il s'est passé près de deux ans. Deux ans au cours desquels la Grèce a plongé dans une noire récession, l'Europe s'est déchirée, la facture a gonflé. Et lorsque, le 27 octobre 2011, le troisième plan d'aide à la Grèce était enfin approuvé, il était déjà trop tard pour Dexia, qui avait rendu les armes trois semaines plus tôt.

Première erreur : le vice caché

Dans ses Mémoires parus en 2007, le patron de la Fed, Alan Greenspan, ne cachait pas son étonnement face à la naissance de l'euro[60]. Face à ces « politiques économiques et fiscales variant à travers l'Europe et affectant l'équilibre des taux de change », le patron de la Fed se demandait « s'il était souhaitable de geler de manière permanente les taux de change de onze [dix-sept aujourd'hui] économies ». Et il s'interrogeait : « Ce blocage allait-il obliger les politiques économiques à converger, comme on l'espérait dans les milieux officiels ? Ou bien allait-il condamner les économies dont la devise aurait été malencontreusement surévaluée à se battre pour devenir compétitives, et celles

60. Alan Greenspan, *Le Temps des turbulences*, Lattès, 2007.

à la devise sous-évaluée à lutter sans cesse contre l'inflation ? » Oui, l'histoire avait déjà démontré de nombreuses fois qu'on ne pouvait impunément figer un taux de change. Car il arrive bien souvent que l'on gèle la monnaie à une parité qui se trouve très handicapante quelque temps plus tard. Exemple fameux : le retour du Royaume-Uni à l'étalon-or en 1925, Londres fixant la convertibilité en or de la livre sterling au même niveau qu'avant-guerre. Ce qui devait rapidement tirer les prix à la baisse, plonger l'économie dans la stagnation et pousser le chômage vers le haut. Mais, au vu de ce qui, en 2007, apparaissait comme un succès sans tache, Alan Greenspan clamait dans ses Mémoires son admiration pour ce qu'avaient réalisé les banquiers centraux européens.

Cinq ans plus tard, l'ancien patron de la Fed n'a pas de mots assez durs contre cette Europe qui menace la santé économique américaine. Greenspan oublie un peu vite qu'il est lui-même à l'origine de la politique monétaire débridée qui a permis aux subprimes de proliférer et d'intoxiquer la finance mondiale, mais il met le doigt sur la blessure originelle : en acceptant d'émettre leur dette en une monnaie unique sur laquelle ils n'avaient plus de prise, les États membres de la zone euro se sont livrés, sans en avoir conscience, à la dictature des marchés.

Dans un article paru en 2011 sur la « gouvernance fragile de la zone euro », le professeur Paul De Grauwe (London School of Economics) explique clairement comment : « En entrant dans une union monétaire, les pays membres de cette union changent fondamentalement la nature de leur dette souveraine. Ils cessent d'exercer le contrôle sur la devise dans laquelle ils émettent leur dette. En conséquence, les marchés financiers peuvent forcer ces pays à faire défaut. » Les pays d'une union monétaire deviennent en fait aussi fragiles que les pays émergents, se finançant en dollars ou en autres devises, et qui sont toujours à la merci d'un *sudden stop*, d'un arrêt soudain du financement international, à l'instar de la Thaïlande et des pays asiatiques en 1997-1998.

Pour comprendre le vice caché d'une union monétaire, il suffit de comparer le comportement très différent de l'Espagne d'un côté et du Royaume-Uni de l'autre[61]. Entre 2008 et 2010, objectivement, la situation budgétaire britannique se dégrade davantage que l'espagnole. Pourtant, les taux britanniques sur dix ans restent moins élevés que ceux des *bonos*, les obligations d'État ibériques : les marchés se défient beaucoup plus de Madrid que de Londres. Pourquoi ?

Mettons-nous un moment à la place des investisseurs qui possèdent des obligations britanniques. Que font-ils s'ils craignent une défaillance soudaine du Royaume-Uni ? Ils vendent naturellement leurs *gilts* (obligations britanniques) et se retrouvent avec des livres sterling. De l'argent cash qu'ils veulent vraisemblablement changer contre une autre devise pour acheter d'autres actifs plus sûrs ailleurs qu'au Royaume-Uni. Les investisseurs vont alors sur le marché des changes et vendent leurs livres sterling. Cette masse de devises britanniques est rachetée par des investisseurs qui, eux, désirent investir dans l'économie britannique ou acheter des obligations d'État. Quoi qu'il arrive, ces livres sterling ne peuvent sortir du marché monétaire britannique. Elles sont piégées. Si ces investisseurs ne veulent plus financer le Trésor britannique, si le gouvernement britannique

61. Le développement qui suit est très largement inspiré de l'article de Paul De Grauwe.

ne réussit pas à vendre ses obligations, la Banque d'Angleterre peut intervenir : elle achète elle-même des obligations d'État et finance donc l'État en dernier recours.

La leçon : quand un État a la mainmise sur sa monnaie et peut se financer en émettant des obligations dans celle-ci, il a l'assurance de conserver ses liquidités chez lui, à l'image d'un chauffage central toujours alimenté par la même eau. Ce n'est pas tout : les investisseurs méfiants qui cèdent leurs livres sterling font naturellement baisser le cours du sterling. Avec un double effet : une poussée des prix des produits importés, et donc de l'inflation, et un coup de pouce aux entreprises exportatrices britanniques, qui peuvent vendre moins cher leurs produits au reste du monde. Au final, l'économie du pays, un moment déstabilisée par la méfiance des investisseurs, retrouve un nouvel équilibre, et réduit le poids de sa dette grâce à l'inflation et à une croissance dopée par les exportations. Un processus de convalescence réalisé à l'ombre tutélaire et protectrice de la Banque d'Angleterre, prête à jouer son rôle d'acheteur d'obligations d'État en dernier recours.

En fait, ce scénario s'est bel et bien déroulé en 2009-2010 : l'inflation britannique a augmenté, les exportations se sont réveillées, la Banque d'Angleterre a aidé l'État à se financer, et les marchés ne se sont jamais réellement attaqués au Royaume-Uni, de sorte que le taux britannique à dix ans évoluait autour de 2 % en juin 2012.

L'exemple espagnol

Quelle différence avec l'histoire des pays fragiles de la zone euro ! Reprenons le cas espagnol. Les investisseurs qui craignent une défaillance de l'Espagne vendent leurs *bonos*.

Ils se retrouvent avec du cash en euros, mais, contrairement à la livre sterling, obligée de tourner en circuit fermé et alimentant finalement d'une manière ou d'une autre le système britannique, ces euros peuvent fuir pour de bon l'économie espagnole et s'investir ailleurs dans la zone euro. Ils vont se réfugier dans un lieu sûr, en Allemagne par exemple. Résultat : les liquidités quittent l'Espagne, il y a moins d'argent pour acheter de la dette espagnole et, par la loi de l'offre et la demande, les taux espagnols commencent à prendre de la valeur. Ce mouvement s'intensifiant, l'Espagne se retrouve face à une vraie crise de liquidités.

Rapidement, cette crise de liquidités se mue en crise bancaire ; car si les liquidités fuient le pays, elles ne sont naturellement plus présentes pour alimenter le système bancaire local. De plus, comme la valeur des obligations d'État baisse, et qu'en Europe les banques d'un pays sont les plus grands investisseurs en obligations d'État locales, ces institutions commencent à accuser de lourdes pertes sur leurs portefeuilles obligataires, pertes qui entament leur solvabilité. Les marchés s'en inquiètent, obligent l'État à intervenir, ce qui creuse le déficit budgétaire encore davantage et met une dose de pression supplémentaire sur les taux espagnols, qui dépassent allègrement les 6,5 % en juin.

Cette crise de liquidités fait également le lit d'une crise de solvabilité pour l'État. Puisque les taux auxquels l'État doit se financer augmentent, la charge de la dette s'accroît, compromettant les objectifs budgétaires du pays. Objectifs d'autant plus difficiles à tenir que l'euro reste stable, que l'inflation reste basse et que ces fuites de liquidités mettent l'économie locale à terre. Ce processus d'affaiblissement a été à l'œuvre dans tous les pays fragiles de la zone euro, et spécialement en Espagne, durant cette année 2012. C'est ce qui explique pourquoi, dans la zone euro, nous vivons depuis trois ans au rythme infernal des plans d'austérité. Plans qui tuent la croissance, avivent la peur des investisseurs, poussent les taux vers le haut, gonflent la charge de la dette, ce qui ravive encore la peur des investisseurs, poussent les taux encore plus haut, etc. Bref, le mécanisme infernal des prophéties autoréalisatrices : on vend des obligations d'État parce que l'on pense que ça va mal. Et, en les vendant, on fait en sorte que ça aille mal. Ce cercle ô combien vicieux qui a magistralement étranglé la Grèce, le Portugal, l'Espagne…

Face à cela, qu'a fait la Banque centrale européenne ? Elle n'a pas joué le rôle de digue ultime. Elle n'a pas acheté sans limite de la dette grecque, espagnole, irlandaise, portugaise, italienne… « Elle est quand même intervenue », objecteront certains. Oui, mais de manière aléatoire et limitée. Donc sans être efficace. Il suffit de se rappeler toutes les difficultés, les débats, les prises de position antagonistes qui ont jailli lorsque l'on a voulu forcer la BCE à acheter des obligations grecques, irlandaises et portugaises au printemps 2010. Des débats qui se sont répétés chaque fois qu'un pays éprouvait des difficultés. Les marchés se sont rapidement rendus compte que la BCE n'était pas vraiment un acheteur en dernier recours, qu'elle n'en avait pas le mandat. Et qu'ils pouvaient donc, en étant plus déterminés que les autorités monétaires européennes, faire fléchir un pays, et finalement le pousser à la défaillance.

Pour être de bon compte, on ajoutera que la BCE, avec ses armes, a essayé de trouver une parade en apportant plusieurs fois des tombereaux de liquidités dans le système bancaire (via notamment des opérations exceptionnelles de financement à long terme qui ont injecté en novembre 2011 et février 2012 à chaque fois environ 500 milliards d'euros). Cet argent a apaisé les tensions dans le marché de financement interbancaire et a partiellement été utilisé par les banques italiennes, espagnoles et portugaises pour acheter des obligations d'État, mais ce bricolage, efficace un temps, n'a pas réglé le problème fondamental de la zone euro.

Ce développement qui précède ne nie pas les problèmes spécifiques (problème de compétitivité, secteur bancaire démesuré, politique budgétaire irresponsable ou bulle immobilière) qui ont conduit le Portugal, l'Irlande, la Grèce, l'Italie et l'Espagne à devenir la cible des marchés. Il explique simplement pourquoi cette crise s'est exprimée de manière aussi virulente dans la zone euro, sans commune mesure avec ce que vivent d'autres pays eux aussi fragilisés, mais qui ne doivent pas se battre désespérément pour conserver la confiance du marché.

Ceci n'est donc pas un plaidoyer contre l'euro. On a vu des responsables politiques, notamment lors de la campagne présidentielle française de 2012, s'appuyer sur ces événements pour clamer la nécessité d'un retour à l'identité nationale, politique, économique et parfois monétaire. C'est au contraire un vif encouragement à aller plus loin en termes de solidarité.

Pour colmater les fuites et abreuver de nouveau toute la zone euro, il ne manque à l'Europe que deux choses : créer une agence de la dette, qui émettrait des euro-obligations finançant l'ensemble des pays de la zone, et donner un mandat clair à la Banque centrale européenne (ou à une autre institution) afin qu'elle puisse intervenir sans limite si les taux dépassent un certain plafond.

La construction monétaire européenne souffre donc d'un vice caché dès l'origine. Mais les États membres de l'Union européenne vont aggraver sérieusement le problème en poussant, dans un premier temps, les banques à investir massivement dans la dette des États au prétexte qu'elle est sans risque, puis en décidant, lorsque la crise grecque commencera à mettre à mal les budgets publics, que ce « papier » d'État n'est finalement pas si immunisé que cela. Ce qui aboutira au final à obliger les acteurs privés à assumer une partie du risque.

Union monétaire, désunion budgétaire

Les créateurs de l'euro étaient pourtant conscients des dangers latents des unions monétaires. Ils savaient que s'engager dans une monnaie unique implique naturellement que les économies de tous les membres du club aillent dans la même direction économique et budgétaire. Ce qui nécessite donc l'existence d'un gouvernement économique commun. Sinon, on voit rapidement apparaître des « passagers clandestins » : des pays dont les acteurs économiques (l'État, mais aussi les entreprises et les ménages) profitent du taux d'intérêt peu élevé et de la stabilité offerts par la monnaie commune pour s'endetter, alors que leur situation budgétaire ou leur compétitivité nécessiteraient de mettre en place une politique moins laxiste. Les politiques européens savent tout cela et, lorsqu'ils préparent au début des années 1990 l'apparition de l'euro, certains envisagent comme prolongement naturel la création d'un gouvernement économique et financier à l'échelle européenne.

« En 1991, l'idée d'un gouvernement économique avait été envisagée très précisément, rappelle le Premier ministre luxembourgeois Jean-Claude Juncker[62], qui présidait alors la conférence intergouvernementale débattant de la mise en place de l'Union monétaire. Jacques Delors, alors président de la Commission européenne, Pierre Bérégovoy, alors ministre français des Finances, Philippe Maystadt, ministre belge des Finances, et moi-même avons défendu ardemment l'idée d'un gouvernement économique. [...] Nous voulions le plus de coordination possible des politiques économiques. Mais, à l'époque, l'Allemagne et les Pays-Bas considéraient comme essentiel que la politique économique reste du ressort des gouvernements nationaux. »

Les pères fondateurs de l'euro ne créent donc pas de gouvernement économique, mais ils sont convaincus que les marchés efficients et rationnels corrigeront naturellement les mauvais élèves. « En février 1992, au moment de signer le traité de Maastricht instaurant l'euro, nous pensions, ajoute le Premier ministre luxembourgeois, que les marchés financiers sanctionneraient par des taux plus élevés les pays qui ne maîtriseraient pas correctement leur politique budgétaire. Mais, pendant les dix premières années de l'union monétaire, les marchés ont été totalement aveugles. »

Toujours est-il que, sans réelle institution coordonnant les politiques économiques et budgétaires des États membres de la zone euro, on va donc fixer, par défaut, des règles, gravées dans « les tables de la loi » du traité de Maastricht. En 1992, on instaure pour les futurs membres de l'Union monétaire les fameux « critères de convergence » qui doivent aider les économies européennes à

62. Interview diffusée sur Arte le 16 janvier 2012.

aller dans la même direction. Ils sont cinq au départ, mais l'un d'eux – l'interdiction de dévaluer – devient obsolète dès l'apparition de l'euro. Les autres sont relativement bien connus, au moins pour trois d'entre eux : le taux d'inflation ne doit pas excéder de plus de 1,5 % celui des trois pays les meilleurs élèves en la matière, le déficit budgétaire doit être inférieur à 3 % du PIB et la dette publique ne doit pas peser plus de 60 % du PIB. Le dernier point, quant à lui, est souvent oublié : les taux d'intérêt réels à long terme ne doivent pas dépasser de plus de 2 % la moyenne des trois pays membres présentant les taux les plus faibles. Ce quatrième critère est tout aussi important que les trois autres, mais personne ne songe alors à doter la zone euro d'un outil pour le faire respecter.

Le conseil d'Amsterdam de juin 1997 peaufine le dispositif. Il crée le fameux pacte de stabilité et de croissance : les États membres de la zone euro s'engagent à présenter chaque année devant la Commission leur programme de stabilité, qui vise à montrer qu'ils restent dans les clous budgétaires posés par Maastricht. Et si jamais ils venaient à quitter le droit chemin, la Commission européenne pourrait – à moins que le pays ne soit soumis à une « crise sévère » causant une chute d'au moins 2 % de son PIB – lancer une procédure de déficit excessif, avec sanction à la clé. Sur le papier, cela tient la route. Mais dans la réalité…

Dès le départ, en effet, on observe de vigoureux coups de canif dans le contrat : en 1999, les endettements de la Belgique et de l'Italie dépassent le maximum prescrit (ils sont au-delà des 100 % du PIB). Mais comment faire la zone euro sans deux des six membres fondateurs de l'Union, sans profaner les mânes des pères fondateurs de l'Europe, Paul-Henri Spaak et Alcide de Gaspieri ? La Belgique et l'Italie adoptent donc l'euro, mais promettent, croix de bois, croix de fer, de conserver une trajectoire vertueuse qui devrait amener la dette de leur pays à passer sous les 60 % du PIB en quelques années.

En 2001, deux années après la naissance de l'euro, on fait entrer la Grèce. Là aussi pour des raisons politiques : l'Europe veut, grâce à ce cadeau monétaire, ancrer le pays dans la démocratie. Le souvenir du régime des colonels n'est pas si lointain. Mais, si l'on se réfère aux chiffres officiels grecs, sans même parler des doutes qui pèsent aujourd'hui sur leur véracité, le pays rate franchement son examen d'entrée : en 2001, il présente un déficit de 3,7 % de son PIB et un endettement qui dépasse les 103 % ! En fait, il ne respectera jamais les critères de Maastricht.

Un coup fatal à la crédibilité du pacte de stabilité est toutefois donné par les deux principaux pays européens, l'Allemagne et la France. Pour redresser leurs économies touchées par les turbulences nées de l'éclatement de la bulle Internet et des attentats du 11 septembre 2001, les deux « moteurs de l'Europe » lâchent les vannes de l'argent public. Le déficit public de l'Allemagne va dépasser le seuil critique des 3 % cinq années durant. La France passe la ligne rouge trois années durant[63]. Dans le courant de l'année 2003, les deux pays reçoivent un avertissement du Conseil des ministres des Finances. En octobre de cette même année, les deux pays sont sur le point de se faire taper sur les doigts. « Il ne peut y avoir de consolidation

---

63. Voir les statistiques d'Eurostat sur les besoins de financement des administrations publiques. On y voit que le déficit public allemand atteint 3,1 % du PIB en 2001, 3,8 % en 2002, 4,2 % en 2003, 3,8 % en 2004 puis 3,3 % en 2005. La France accuse un déficit public de 3,1 % en 2002, 4,1 % en 2003 et 3,6 % en 2004.

budgétaire sans croissance durable et inversement. Mais ce dont nous manquons surtout en ce moment, c'est de croissance. Nous devons sortir de la stagnation », justifie alors le grand argentier allemand, Hans Eichel, le 10 octobre 2003, à l'issue d'une réunion avec son homologue français, Francis Mer.

La Commission européenne demande que le Conseil constate officiellement le dépassement afin de mettre ces États en demeure de réduire leur déficit, sous peine de sanctions. Les ministres européens des Finances se réunissent le 25 novembre, mais… décident de ne rien faire : il ne se dégage pas de majorité qualifiée pour punir Paris et Berlin. Et le Conseil suspend donc les procédures pour déficit excessif[64]. La Commission européenne est furieuse. Ce pied de nez aux traités est intolérable. Elle porte l'affaire devant la Cour de justice, qui, dans un arrêt fameux du 13 juillet 2004, lui donne raison et désavoue le Conseil.

Ce qui paraît être une victoire des faucons budgétaires, intransigeants sur l'application des critères de convergence, est en réalité une cuisante défaite : quelques mois plus tard, lors d'un conseil européen réunissant les chefs d'État et de gouvernement, on décide d'amender ce pacte trop rigide, « stupide » même pour reprendre le qualificatif employé par le président de la Commission, Mario Monti, en 2002. D'une part, la procédure de déficit excessif ne peut plus être activée contre un pays qui se trouve en récession. D'autre part, l'activation de cette procédure devient plus

64. Ce 25 novembre 2003, sur les douze pays de la zone euro, seuls six votent pour que la Commission adresse une mise en demeure aux États fautifs : la Belgique, la Finlande, l'Autriche, les Pays-Bas, l'Espagne et… la Grèce !

compliquée, car la Commission doit analyser une série de critères avant de s'engager, et donc plus longue. La crédibilité du pacte de stabilité ne se remettra jamais réellement de cette aventure.

Créativité comptable

Viciée au départ, amoindrie en route, l'union monétaire sera également affaiblie par la mise en place généralisée d'une ingénierie budgétaire destinée à augmenter les recettes ou à cacher des dépenses aujourd'hui, mais aboutissant à payer ce camouflage très cher demain[65]. La Grèce a été justement montrée du doigt car elle a été insurpassable dans l'innovation comptable, mais les vertueux oublient de dire que ces comportements ont été aussi largement pratiqués par tous.

Ainsi, l'une des astuces abondamment employées par les États ces dernières années pour embellir leur comptabilité a consisté à reprendre à leur compte les engagements de pension d'entreprises publiques, car la somme reçue en paiement de cet engagement supplémentaire vient gonfler les revenus de l'année. Mais les charges de pension, elles, ne s'exprimeront que bien plus tard. Le Portugal, l'Autriche, la Belgique, la Suède, le Danemark et la France ont tiré sur cette ficelle. « La France, par exemple, a satisfait au critère de déficit de l'union monétaire en 1997 en décidant d'assumer les charges de pension de France Télécom, en échange d'un paiement en avance

65. Voir à ce sujet une note du Fonds monétaire international datant du 28 mars 2012, qui reprend les trucs et ficelles budgétaires utilisés par les États industrialisés, et spécialement européens : « Accounting Devices and Fiscal Illusions », par Timothy C. Irwin, www.imf.org.

de 5,7 milliards d'euros, représentant 0,5 % du PIB, de même qu'elle a, en 2005, assumé celles d'Électricité de France et de Gaz de France en retour d'un paiement de 8,6 milliards d'euros (soit, là encore, 0,5 % du PIB) », note Timothy Irwin. La Belgique a de son côté repris en 2003 des fonds de pension de Belgacom pour 5 milliards d'euros, lui permettant de combler son déficit budgétaire sur cette année.

Autre exemple bien connu : les swaps de devises. Un instrument utilisé par la Grèce, avec l'aide de Goldman Sachs, pour camoufler 5,3 milliards d'emprunts (soit, quand même, 2,3 % du PIB). Qu'est-ce qu'un swap de devises ? C'est un échange de paiement entre deux contreparties dans des devises différentes, montant qui sera remboursé à une échéance fixe. Dans un swap de devises, A paie par exemple un montant x en dollars à B, lequel paie à A le même montant, mais en euros. L'idée est de se couvrir contre un risque de change. Dans un swap normalement constitué, le montant que A paie à B et celui que B paie à A au moment où ils décident de conclure le swap est identique, il est simplement exprimé dans une devise différente. Mais certaines banques, pour aider les États et, accessoirement, empocher de substantielles commissions, ont proposé un échange asymétrique, en « bidouillant » les taux de change.

Imaginons que la Grèce et Goldman Sachs concluent un swap de devises à un moment ou l'euro vaut 1,3 dollar sur le marché des changes. Un swap normal voudrait que la Grèce verse 100 euros à la banque américaine, et que celle-ci verse 130 dollars à la Grèce. Mais Goldman Sachs dit : « Pour nous, l'euro vaudra 1,6 dollar, et je verse donc 160 dollars. » Le résultat, c'est que Goldman

Sachs a prêté 30 dollars à la Grèce. Inutile de dire qu'au moment de déboucler le swap, Goldman Sachs utilisera le « bon » taux de change, le taux officiel, et que la Grèce devra rembourser les 30 dollars prêtés, plus les frais de services, plus le risque de change s'il s'est manifesté. Mais, en attendant, ce prêt déguisé, ignoré des règles comptables européennes, ne vient pas alourdir la dette grecque « officielle ». Ce type de swap a été utilisé non seulement par la Grèce, mais aussi par la Belgique, l'Allemagne, la Pologne, l'Italie. Pourtant, comme le dit Jean-Claude Juncker, les marchés ont été aveugles pendant dix ans. Pourquoi ? Parce qu'ils en avaient envie, tout d'abord. Et parce que les régulateurs leur ont bandé les yeux, ensuite.

Les marchés avaient-ils envie de l'Union monétaire ? Et comment ! L'introduction d'une monnaie unique européenne impliquait en effet pas mal d'avantages pour les institutions financières : fin des risques de change, marchés obligataires et marchés des changes plus profonds, intérêts accrus des investisseurs étrangers pour les produits en euros, etc. Plus simplement, ce processus de convergence permettait également aux institutions financières d'engranger de généreuses plus-values sur leurs portefeuilles obligataires, puisque les taux baissaient pratiquement sans discontinuer. Entre 1992 et 1998, le taux espagnol à long terme est passé de 12 à 5 % et le taux portugais de 14 à 5 %. Entre 1992 et 2000, le taux grec a chuté de 24 à 6 % ! Devant ces plus-values renouvelées chaque année pendant une décennie, quelle institution aurait eu le cœur de dire : « Attention, cette convergence est peut-être fragile », avec le risque de transformer ces gains coquets en pertes douloureuses ?

Deuxième erreur : Deauville

Le ver est dans le fruit, mais on l'ignore encore. En apparence, tout va pour le mieux dans le meilleur des mondes jusqu'en 2009. Mais voilà que surgissent, en décembre, les premiers signes de la crise grecque. L'Europe tarde à intervenir, l'Allemagne estime que la Grèce peut s'en sortir seule. Au printemps 2010, il apparaît que c'est illusoire, et l'Europe étale ses dissensions à la face du monde. Des pays solidaires ? Non. Le principal d'entre eux, l'Allemagne, rechigne à intervenir. Les Allemands ont consenti depuis six ans à de durs sacrifices, le salaire réel est en baisse, et il faudrait aider ces inconscients de Grecs ? Au début de l'année 2010, on voit apparaître dans les rues allemandes des manifestants qui brandissent des pancartes : « Nous payons pour la crise grecque. Mais qui va payer pour MA crise ? » La chancelière Angela Merkel, engagée dans des élections régionales difficiles, ne veut pas donner l'image de quelqu'un qui mépriserait les efforts des travailleurs allemands. On laisse donc passer du temps, et ce n'est que le 9 mai qu'on décide *in extremis* d'un paquet qui doit sauver la Grèce.

Lors du week-end crucial des 8 et 9 mai 2010 qui voit la naissance du FESF (Fonds européen de stabilité financière), le fonds de secours temporaire pour aider les pays de la zone euro, et la création d'un pare-feu théorique de 750 milliards d'euros, l'Allemagne est contrainte d'accepter des opérations qui lui paraissaient contre nature : mobiliser la BCE pour soutenir le marché de la dette d'État et prêter de l'argent à un autre État en difficulté. L'article 125 du traité sur le fonctionnement de l'Union européenne interdit en effet le bail out : les États membres ne peuvent pas prendre en charge les engagements financiers d'un autre État membre. À Berlin, on interprète cette clause de manière rigoureuse : « Pour l'Allemagne, explique un haut fonctionnaire de la Commission qui a participé aux négociations ce week-end-là, cet article signifiait qu'elle ne pouvait pas prêter d'argent à la Grèce. » Du coup, dans le paquet de prêts intergouvernementaux de 110 milliards d'euros consentis à Athènes, ce n'est pas l'État allemand qui accorde formellement le crédit, mais l'agence KfW (agence allemande pour la reconstruction), preuve ultime que la zone euro ne constitue pas un tout, mais est un patchwork d'États aux visions et aux engagements parfois très différents.

Au premier semestre 2010, alors que la Grèce entre en agonie, la zone euro se mue donc en désunion monétaire : face au problème grec, aucun consensus politique ne se dessine, et la Banque centrale européenne, limitée dans son mandat et dans sa culture, ne veut pas intervenir pour gérer la crise en dehors de ses injections de plus en plus importantes de liquidités. Mais le coup de grâce à l'image de solidarité de la dette de la zone euro viendra quelques mois plus tard.

Le lundi 18 octobre 2010 doit avoir lieu à Deauville un sommet tripartite réunissant la France, l'Allemagne et la Russie afin de renforcer la coopération entre la Russie et l'Europe. En attendant l'arrivée du président russe Dmitri Medvedev, Angela Merkel et Nicolas Sarkozy se promènent quelques minutes en public le long des plages normandes, histoire de montrer que le couple franco-allemand file le parfait amour. Puis les deux chefs d'État s'isolent pendant deux heures pour préparer le conseil européen de la fin du mois et discuter en tête-à-tête des problèmes de la zone euro. Il y a une évidence : le plan de sauvetage décidé en mai ne suffit pas. Il n'allège que de façon marginale le fardeau de la dette grecque. Un second plan est nécessaire, mais comment convaincre une population allemande de plus en plus réticente à aider les Grecs ?

À Deauville, Angela Merkel impose donc ses conditions : l'Allemagne n'ouvrira une seconde fois son porte-monnaie que si l'on décide de revoir les traités, de renforcer le pacte de stabilité et de croissance en imposant des sanctions automatiques aux pays coupables de laxisme budgétaire. Surtout, pour alléger la facture, croit-elle, l'Allemagne impose, dans le « mécanisme permanent de résolution de crise » que l'on veut mettre en place, d'impliquer le secteur privé, c'est-à-dire les banques, les assureurs et les fonds d'investissement. Autrement dit, chaque fois que l'on parlera de restructurer la dette d'un pays européen, les banques et les investisseurs professionnels devront participer au sauvetage et assumer une partie des pertes. Lorsque Jean-Claude Trichet, le président de la BCE, l'apprend, il entre dans une colère noire. Car il anticipe l'extension de la crise à la zone euro tout entière. Déjà, les marchés éprouvent une extrême réserve à l'égard des titres souverains européens ; si on leur dit que ces dettes d'État, jadis qualifiées de placements sans risque, ne sont vraiment plus sûres, ils passeront à l'offensive. Jean-Claude Trichet l'explique à Nicolas Sarkozy, mais ce dernier rétorque : « Vous parlez peut-être à des banquiers ; nous, nous sommes responsables devant nos citoyens… »

Malheureusement, la prédiction du président de la Banque centrale européenne se révèle exacte : quelques heures seulement après la réunion de Deauville, les marchés commencent à écarteler la zone euro. Les investisseurs, logiquement, se ruent sur les titres des pays sûrs, pour lesquels il n'y a pas de risque de restructuration de dette, et abandonnent les pays fragiles, exacerbant les tensions sur les taux et les problèmes de financement des maillons faibles de la zone. Très précisément, les taux espagnols et italiens se tendent à partir du 19 octobre et ne baisseront plus par la suite. L'erreur de jugement de Deauville est d'autant plus incompréhensible que les autorités européennes savent qu'en présentant une partie de la facture aux banques elles favorisent un effet boomerang sur les États. Les banques les plus fragiles vont en effet encaisser de telles pertes qu'elles devront être recapitalisées. On l'a vu en Grèce, en Espagne… Et bien sûr, comme plus aucun investisseur privé ne veut être actionnaire d'une institution financière, cette nouvelle injection de capital incombera de nouveau aux États. L'Europe le sait depuis le début : c'est pourquoi le 21 juillet 2011, en parallèle de l'accord qui impose une décote de 21 % sur les titres grecs, elle permet aussi au FESF, le fonds de secours européen, d'intervenir pour financer la recapitalisation des banques.

Il n'est pas question ici de défendre les intérêts des banques, mais simplement de dire qu'il était naïf et suicidaire de penser que les grands détenteurs de la dette européenne allaient rester les bras croisés une fois que l'on avait introduit le risque, pour un investisseur privé, d'être obligé de participer au sauvetage d'un pays européen en difficulté. Dès qu'ils en ont été avertis, beaucoup de fonds d'investissement, de banques, d'assurances ont évidemment procédé à un arbitrage très simple : on se déleste de ce qui pourrait être à risque (on vend donc les obligations espagnoles, italiennes, etc.) et l'on se positionne vers ce qui est sûr, à savoir l'Allemagne et, dans une moindre mesure, la France, l'Autriche, les Pays-Bas.

Dès le moment où, à Deauville, les politiques ont exprimé la volonté d'impliquer le secteur financier dans les futures restructurations de dettes de pays européens, l'image d'unité de la zone euro a volé en éclats et la stature de la dette des États européens a explosé. En quelques jours, l'incendie ravage les marchés obligataires. Il s'étend à l'Espagne et à l'Italie, relativement épargnées jusque-là. À partir du 19 octobre 2010, les taux de ces deux grands pays méditerranéens – dans lesquels, pour son malheur, Dexia dispose d'importantes filiales – se mettent à flamber. Le mal grec a définitivement contaminé la zone euro.

Parallèlement, les taux des Bunds allemands vont s'abaisser jusqu'à toucher des planchers inconnus, ce qui, là aussi, va mettre Dexia en difficulté puisque, on l'a vu, le montant du collatéral, c'est-à-dire la garantie que la banque doit poster (pour ses contrats de couverture de risque de taux), augmente chaque fois que les taux allemands baissent.

À Deauville, Dexia reçoit un coup fatal. Mais la banque ne le sait pas encore.

Troisième erreur : les atermoiements européens

Reprenons. Un : la crise est donc née de la faiblesse originelle de la zone euro. Deux : elle a été aggravée par la décision naïve d'avertir le secteur privé qu'il allait devoir aider tous les pays européens en difficulté. Mais trois : elle a également été exacerbée par le problème de gouvernance qui fait que la première zone économique mondiale se trouve incapable de résoudre les difficultés d'un pays dont le PIB pèse aujourd'hui moins de 2 % de celui de la zone. Pour la Grèce, la valse-hésitation européenne et des décisions malheureuses (comme celle d'imposer des plans d'austérité sans, parallèlement, s'occuper de relance, ou celle de faire payer dans un premier temps un taux d'intérêt punitif de 5,2 % sur les 110 milliards du premier plan de sauvetage, ce qui témoigne de l'absence complète d'analyse de la situation dans laquelle se trouvait l'économie grecque dès le mois de mai 2010) auront pour conséquence de plonger le pays dans une récession rare et dramatique. Cette crise s'apparente à celle subie par les États-Unis ou la France entre 1929 et 1933 : le PIB grec a plongé de 10 % entre 2008 et 2011 et pourrait encore baisser de 7 % supplémentaires dans les deux ou trois ans à venir, et le chômage, qui touchait largement plus de 20 % de la population active fin 2011, devrait encore s'accroître.

Le traitement chaotique de la crise grecque se traduit aussi par un hiatus de plus en plus important entre la perception du marché et celle des autorités européennes. Ainsi, lors du premier plan de sauvetage de la Grèce, début mai 2010, qui voit les pays de l'Union européenne accorder 110 milliards d'euros de prêt à Athènes, on ne parle pas de décote sur les titres grecs. Ce n'est qu'en 2011 que le sujet devient public, et c'est lors du deuxième plan de sauvetage, le 21 juillet, qui voit les pays de l'Union européenne, avec le FMI, accepter de remettre 109 milliards d'euros au pot, que l'on décide en parallèle d'obliger les banques à abandonner 21 % de la valeur totale de leurs titres grecs. Décote qui n'allège pas fondamentalement le poids de la dette du pays, puisqu'elle se traduit surtout par un allongement de la durée des emprunts et par une baisse de la rémunération de ceux-ci. La Grèce, entre-temps, continue de s'enfoncer, la récession est terrible (-7 % du PIB) et le plan de juillet 2011 manque à ce point de crédibilité que la spéculation repart de plus belle. C'est finalement le 21 février 2012, après de multiples réunions, que le deuxième plan de sauvetage de la Grèce est véritablement acquis. Les pays de la zone euro associés au FMI prêtent 130 milliards d'euros supplémentaires et les banques abandonnent 53,5 % de la valeur initiale des titres grecs, permettant d'alléger la dette grecque de 107 milliards[66].

Pourtant, la crédibilité des mesures européennes est déjà très compromise. Dès le mois d'avril 2011, dans son analyse du cas Dexia, l'agence Standard & Poor's adopte l'hypothèse d'une décote de 60 % des titres grecs. Quelques semaines plus tard, le 8 juillet, Moody's opte pour une décote de 70 %. Parallèlement, dans les marchés, la dette grecque ne se traite plus qu'à moins de 50 % de sa valeur. Clairement, donc, les investisseurs ne donnent plus aucun crédit aux décisions européennes dès le premier semestre 2011.

Lorsque, le 21 juillet, les chefs d'État de la zone euro présentent leur accord sur la Grèce, les marchés savent déjà qu'il est obsolète et que les décotes annoncées sont inadaptées. C'est d'ailleurs à partir de ce moment que tous les titres bancaires boivent le bouillon en Bourse, et plus particulièrement celui de Dexia.

En résumé, la zone euro a fait comme si elle était un club de membres solidaires. Puis, dès qu'un de ses membres les plus modestes a rencontré des difficultés, elle a changé les règles du jeu, de manière brusque et malhabile, et l'a tout bonnement laissé tomber. L'image de solidarité entre pays

66. Les banques et les assurances prennent toutefois des décotes plus importantes, de l'ordre de 75 %, car l'opération consiste non seulement à effacer 53,5 % de la dette initiale, mais à échanger aussi ces anciennes obligations grecques contre de nouvelles, qui procurent moins d'intérêts et sur une durée plus longue.

de la zone a volé en éclats, portant du même coup une sérieuse atteinte à la crédibilité de l'union monétaire.

Ce contrat rompu a provoqué une immense crise de confiance dans les dettes des États. La défiance s'est répercutée sur les banques, et plus spécialement sur le spécialiste du financement des pouvoirs publics européens : Dexia. Oui, la malgouvernance européenne porte une lourde responsabilité dans la chute de Dexia et, plus largement, dans la crise de la zone euro.

Leçon 2
LES GENDARMES POUSSE-AU-CRIME
Ou pourquoi, quand on incite à l'excès de vitesse, le nombre d'accidents a bizarrement tendance à augmenter

Les responsables politiques de la zone euro portent donc une lourde responsabilité dans la crise, parce qu'ils ont cassé le contrat de confiance tacite entre les États et les investisseurs, invités à acheter de la dette souveraine de la zone euro puisqu'elle était présentée comme « sans risque », alors que ce n'était pas le cas. Mais la faute n'incombe pas uniquement aux politiques. Dans la crise, les régulateurs sont loin d'être sans reproche, que ce soient les gendarmes bancaires internationaux, européens ou nationaux.

Les règles « primitives » de Bâle I

Quand on parle des régulateurs internationaux, on parle surtout du Comité de Bâle. Cette instance, créée au milieu des années 1970, regroupe les gouverneurs des banques centrales de vingt-sept des principaux pays du monde et s'attache à assurer la sécurité du système financier mondial, à maintenir une coopération entre les contrôleurs des divers pays ainsi qu'à établir des standards internationaux de contrôle prudentiel.

L'une des règles d'or de la régulation financière consiste à exiger des banques de mettre de côté assez de fonds propres (c'est-à-dire de capital et de réserves) pour faire face à un éventuel accident qui affecterait leurs portefeuilles de crédits ou de titres. Justement, la plus connue des règles instaurées par le Comité de Bâle concerne les fonds propres. Elle s'appelle le « ratio Cooke » (du nom de Peter Cooke, premier président du Comité) et entre en vigueur en 1992. Cette règle impose à une banque de mobiliser au moins 8 % de fonds propres face à chacun de ses engagements. Chaque fois qu'une banque octroie 100 euros de crédit ou achète 100 euros d'obligations, elle doit mettre 8 euros de fonds propres de côté. Une autre manière de formuler la chose est de dire qu'une banque qui octroie un crédit de 100 doit en financer 8 sur ses fonds propres et 92 ailleurs (sur ses dépôts, ou en levant des obligations, ou en s'abreuvant au marché interbancaire). Toutefois, comme un risque n'est pas l'autre, on accepte certaines exceptions : l'achat des dettes des États des pays « riches » de l'OCDE n'a besoin de mobiliser aucuns fonds propres. Et le crédit immobilier ne consomme pas 8 %, mais seulement 4 %.

Bâle I instaure aussi un frein à la croissance démesurée des banques en décrétant que le total de bilan d'un établissement ne peut pas, quelle que soit la qualité de son portefeuille, dépasser de vingt fois celui de ses fonds propres.

L'accord ne fait pas l'unanimité. « Bâle I était considéré comme primitif, explique aujourd'hui un régulateur. Il était sommaire. » Sous Bâle I, un crédit à une entreprise non financière doit mobiliser 8 % de fonds propres, que le débiteur s'appelle Unilever ou la boucherie Sanzot. Les banques estiment que ce ratio de fonds propres trop rigide les pousse à prendre trop de risques. Pourquoi ? Parce que, si un risque élevé (une PME comme la boucherie Sanzot) et un risque faible (une multinationale reconnue comme Unilever) consomment le même montant de capital, une banque sera rationnellement poussée à ne prendre que des risques élevés, car plus rémunérateurs.

Et ce comportement est exacerbé si l'on circonscrit, en outre, la croissance des bilans.

On décide donc de remettre Bâle I sur le métier et, en 2004, apparaissent les règles de Bâle II, qui vont entrer petit à petit en vigueur jusqu'au 1er janvier 2008. C'est donc en se préparant à Bâle II que Dexia va croître et embellir. Or, que va instaurer Bâle II? L'accord va permettre aux banques de calculer les fonds propres dont elles ont besoin de deux façons. La première est la méthode standard, qui consiste à s'appuyer sur les agences de notation pour évaluer le risque et donc la proportion de fonds propres à mobiliser. Un crédit à une entreprise non financière mais assortie d'un très bon rating (AAA ou AA) ne mobilise que 1,6 % de fonds propres. En revanche, un crédit à une petite entreprise qui n'a pas de rating mobilise 8 %, comme sous Bâle I. La seconde façon de calculer ses besoins de fonds propres consiste, pour une banque qui en a les moyens, à faire ses ratings soi-même. Bâle II permet en effet qu'une grande banque effectue en interne les analyses de probabilité de défaillance de ses crédits. Simplement, il faut que le régulateur valide ce système et s'assure que la méthodologie et la manière de procéder soient sérieuses. « Bâle II, explique notre régulateur, ce n'était pas la dérégulation. C'était l'idée de responsabiliser les acteurs : le rôle des organes de contrôle internes des banques était accru. »

Une invitation à l'obésité

Et puis Bâle II abroge cette règle qualifiée d'idiote de limiter la taille du bilan à vingt fois les fonds propres[67].

---

67. Règle qui sera réintroduite dans la nouvelle réglementation de Bâle III, qui commencera à entrer en vigueur en 2013.

Du coup, des banques comme Dexia, qui ont un portefeuille de très grande qualité, consommant donc peu de fonds propres, vont se lâcher et se lancer dans une croissance exponentielle. Si l'on avait maintenu une stricte limitation du bilan à 20 fois les fonds propres, Dexia, qui avait des fonds propres de 16 milliards d'euros en 2007, n'aurait donc pu avoir un total de bilan de plus de 320 milliards. Or, en 2007, il pesait 605 milliards.

Dans son rapport annuel 2007, Dexia n'en fait d'ailleurs pas mystère, et souligne l'impact de cette nouvelle réglementation sur ses objectifs de croissance et sur sa capacité à « démobiliser » des fonds propres qui pourront être affectés ailleurs : « Fort de la très bonne vision des marchés à venir, Dexia est confiant dans sa capacité à délivrer, sur une base autonome, une croissance annuelle moyenne de ses résultats de l'ordre de 10 %, tout en dégageant, grâce notamment à l'effet attendu de la nouvelle réglementation Bâle II, des montants significatifs de capital excédentaire par rapport à ses propres besoins d'autofinancement. » C'est certes du jargon bancaire, mais cela signifie : « Nous allons pouvoir faire beaucoup plus avec le capital qui est à notre disposition. Actionnaires, vous allez vous régaler. »

Il n'y aura pas que Dexia. Toutes les grandes banques vont, à partir de la deuxième moitié des années 2000, se lancer dans une effarante course à la taille. Entre 2004 et 2008, le bilan de Dexia s'accroît de 67 %, mais celui de BNP Paribas progresse de 107 %, celui de Deutsche Bank de 162 %, celui de la Société générale de 88 %.

Les régulateurs poussent donc à la croissance et, plus spécifiquement encore, à bâtir des portefeuilles d'obligations d'État. En effet, sous Bâle II, une banque qui achète des obligations d'entreprises très bien notées (assorties d'un rating compris entre AAA et AA-) doit mobiliser 1,6 % de fonds propres[68] et justifier cela par une analyse de risque interne, mais, si elle choisit d'investir plutôt dans des obligations d'État de même rating, la banque ne doit mobiliser aucuns fonds propres. Elle ne doit pas mettre un centime de capital de côté. Normal : ces obligations ne représentent-elles pas le placement sans risque par excellence ?

La règle est la même pour les dettes d'État un peu moins bien notées, dotées d'un rating compris entre A+ et A-. Pour ces titres, Bâle II exige de mettre de côté 1,6 % en fonds propres alors que, pour les obligations d'entreprises de même risque, on impose 4 % de fonds propres.

Sanctuaire européen

Les régulateurs européens (on parle ici de la Commission) font plus fort encore pour la dette des pays de la zone euro : toute la dette libellée en euros des pays de la zone est « à pondération zéro ». Ainsi, que l'on ait de la dette grecque ou allemande en portefeuille, le régulateur estime qu'elle est identiquement sans risque et que la banque ne doit geler aucuns fonds propres. La zone euro est en quelque sorte sanctuarisée.

Le message donné par le régulateur est le même que celui donné par le politique : la zone euro est un club de pays forts et solidaires. Tout cela s'apparente à un cadeau : les banques, sur la même base de capital, vont pouvoir acheter des obligations d'État qui vont venir gonfler les profits, et donc contribuer à la croissance des dividendes… Voilà pourquoi Dexia,

68. Techniquement, on dira que la pondération de risque est de 20 % : 20 % du ratio maximum de 8 %, soit 1,6 %…

en quelques années, se constitue un portefeuille obligataire pour compte propre qui atteindra 150 milliards d'euros.

Le résultat de cette réglementation pousse-au-crime, nous l'avons devant nous à la fin de l'année 2008. À ce moment, Dexia a été recapitalisé à hauteur de 6 milliards d'euros, son bilan est de 651 milliards et ses fonds propres « réglementaires » (calculés selon les règles des contrôleurs) représentent 17,5 milliards d'euros, soit 2,7 % seulement de ses engagements. Autrement dit, si un choc survient qui aboutit à une perte de 3 % sur son portefeuille de crédit et d'obligations, Dexia, véritable colosse aux pieds d'argile, n'a plus de fonds propres. Le constat est encore plus inquiétant lorsque l'on prend le niveau des fonds propres « comptables », c'est-à-dire calculé selon les normes comptables internationales IFRS : Dexia ne dispose plus alors que de 5,6 milliards, soit moins de 1 % de son bilan[69] !

Des tests mensongers

Non seulement la régulation mise en place était dangereuse, mais les contrôleurs n'en percevaient pas les dangers. Ils n'ont vu ni la crise de liquidités ni la crise de la dette des obligations d'État européennes. La liquidité, c'est-à-dire

69. La différence de 11,9 milliards entre fonds propres réglementaires et fonds propres comptables s'explique intégralement par ce que Dexia appelle sa « réserve AFS », soit une réserve liée à son gros portefeuille d'obligations disponibles à la vente (AFS = *available for sale*), qui évolue en fonction de la valeur de marché de ces obligations. Si Dexia avait fin 2008 une réserve de 11,9 milliards, c'était pour couvrir la perte qu'elle aurait encaissée si elle avait dû vendre ses obligations à ce moment. Dexia a en effet choisi de ne pas faire apparaître dans ses comptes de résultat les plus ou moins-values latentes sur son portefeuille obligataire, mais de créer une réserve sur ses fonds propres. Selon les normes comptables IFRS, cette réserve est donc déduite des fonds propres comptables, alors qu'elle peut intervenir dans le calcul des fonds propres réglementaires.

la capacité pour une banque à pouvoir faire face à ses échéances et à mobiliser rapidement de l'argent en cas de besoin, n'est pas un sujet jusqu'en 2008. « Le rapport sur Bâle II comptait approximativement deux cents pages, observe Pierre Richard, président de Dexia, devant les parlementaires belges. Sur la liquidité, il y avait au maximum une page ! Qu'on se l'avoue, ce n'était pas un sujet ! Le sujet qui concernait les régulateurs était la solvabilité. »

Même lorsque la liquidité devient un sujet, le problème de Dexia n'est pas dépisté. À l'été 2008, en effet, le gendarme bancaire belge soumettait les principales banques du pays à des « stress tests » de liquidités et félicitait Dexia pour sa résistance extrême.

Le problème de l'inconsistance des tests que les autorités ont fait passer aux banques est patent quand on se penche sur les deux séries de tests de résistance effectuées en 2010 et 2011. Même après le premier sauvetage d'octobre 2008, Dexia continue à passer haut la main ces stress tests européens, qui ne portent d'ailleurs que sur la solvabilité. En juillet 2011, alors que les divers acteurs planchaient déjà sur des plans de démantèlement ou de vastes cessions d'actifs pour faire face à une nouvelle crise de liquidité, Dexia annonce avoir brillamment passé le stress test des gendarmes européens de l'EBA (European Banking Authority) et n'avoir pas besoin de capital additionnel.

L'exercice mérite qu'on s'y attarde : il consistait à voir comment une banque se comporterait en cas de scénario noir, à savoir une décroissance de 4 % du PIB sur deux années (2011 et 2012), avec tous les effets induits d'une telle récession sur la marche des affaires, l'augmentation des créances douteuses, etc. Pour passer l'examen, il fallait que la banque conserve au moins un ratio de fonds propres réglementaires de 5%. Pour Dexia, même passé à la moulinette de ce scénario, son ratio affichait encore un robuste 10,4%.

Les hypothèses de ces stress tests européens de 2011 confinent au ridicule: elles n'envisagent qu'une dépréciation de 6% sur les dettes grecques, portugaises et irlandaises alors que, dans le même temps, ces titres ont déjà plongé de 30 à 50% sur les marchés obligataires! Une fois encore, les autorités européennes ont voulu (se) cacher la vérité.

Encore une incohérence européenne

Cette incohérence, on la retrouve dans l'approche de la Commission européenne quand elle doit analyser les aides d'État intervenues un peu partout pour sauver le monde bancaire. Il suffit, pour en être convaincu, de se pencher sur le traitement éminemment différent qui a été administré par la Commission aux banques françaises et aux banques belges.

Lorsque survient la crise de 2008, elle touche d'abord Fortis, puis Dexia, puis KBC, et le gouvernement belge met chaque fois en œuvre un plan d'aide différent, qui doit être notifié à la Commission européenne (sauf pour Fortis, qui sera racheté par BNP). La France, elle, met en place, quelques jours après le sauvetage de Fortis et de Dexia, un plan[70] qui prévoit un double mécanisme très proche de ce qui a été décidé pour ces deux établissements puisqu'il cumule un renforcement des fonds propres et des garanties d'État. La différence étant que ce plan français est en théorie applicable à toutes les banques, alors que la Belgique agit au cas par cas.

70. Inclus dans la loi de finances rectificative pour le financement de l'économie du 16 octobre 2008.

En France, la garantie de l'État est assurée par la Société de financement de l'économie française. Cette SFEF, créée par l'État français et sept banques, émet des obligations portant la garantie de l'État français. Elle prête cet argent avec une marge raisonnable aux banques en mal de liquidités ; fin 2009, elle avait prêté une petite centaine de milliards d'euros. L'État français crée aussi en octobre 2008 la SPPE (Société de prise de participation de l'État), qui va débourser une vingtaine de milliards pour renforcer les fonds propres de six banques en souscrivant à des titres hybrides (mi-actions, mi-obligations)[71].

Ce plan, considéré comme national, s'adresse à toutes les banques françaises. Il ne doit donc pas être notifié à la Commission européenne parce qu'il est censé ne pas fausser la concurrence sur le sol français. Du coup, la Commission ne va pas demander aux banques françaises de sabrer dans leur bilan et de lui présenter des plans de restructuration et de cession d'actifs. Mieux : au moment où BNP Paribas est aidé par l'État français, le groupe bancaire va pouvoir mettre la main sur Fortis ! Ce qui change fortement le paysage concurrentiel en Belgique puisque, d'un côté, la première banque du pays est acquise par un concurrent étranger qui aura toute latitude pour mener la politique commerciale qu'il entend, tandis que, face à lui, les concurrents (KBC, Dexia et même ING) doivent passer sous les fourches caudines de la Commission, qui leur imposera par exemple de ne pas avoir des tarifs trop attractifs sur leurs produits.

De la part de la Commission, qui a poussé à la création d'un grand marché bancaire, à l'unification des

71. Un montant de 7 milliards sera injecté dans la BPCE, 5,1 milliards dans BNP Paribas, 3,4 milliards dans la Société générale, 1 milliard dans le Crédit mutuel, 3 milliards dans le Crédit agricole.

systèmes de paiement, aux passeports européens, à la libre prestation de services et à la libre circulation des capitaux, cette approche nationale de la concurrence lorsqu'il s'agit des aides d'État a de quoi surprendre. Et prouve que la notion de grand marché unique a parfois du mal à s'imposer même chez ses concepteurs.

Réflexes protectionnistes

Les régulateurs nationaux ont aussi, à tout le moins, témoigné d'une certaine impuissance face aux événements. Nous avons déjà mentionné plus haut ces stress tests de résistance ou de liquidités effectués par les gendarmes bancaires belge ou européen et que Dexia avait réussis haut la main. Aux États-Unis, les examens de la Fed n'avaient pas non plus permis de détecter quoi que ce soit : à l'été 2007, le contrôleur américain attestait en effet de la qualité de l'implantation de Dexia aux États-Unis[72].

Toutefois, contrairement à ce que pourraient laisser supposer ces examens trop faciles, les régulateurs n'étaient pas aveugles. Ainsi, lorsque les résultats de FSA commencent à se dégrader au premier trimestre 2008, le gendarme belge réagit : il envoie une lettre au management de Dexia, dans laquelle il s'interroge sur la capacité du groupe à « maîtriser le reporting » de sa filiale américaine, ou, autrement dit, à recevoir des informations à temps.

Du côté de la Banque de France, on n'est pas en reste. Le gendarme financier français a, pendant des années, pointé

72. Dans le cadre du processus de notation SOSA (Strength of Support Assessment), la Fed note régulièrement la capacité d'une institution bancaire étrangère à supporter la solvabilité, la liquidité et la gestion de ses implantations américaines. Les notes de la Fed vont de 1 à 3, la note 1, qu'avaient obtenue FSA et DCL New York, étant la meilleure.

les problèmes – critiques – de gestion des risques chez Dexia Crédit local. Dans ces courriers, l'ACP (l'Autorité de contrôle prudentiel, qui dépend de la Banque de France) soulignait les approximations dans le calcul des instruments dérivés et se posait des questions sur le contrôle des filiales de DCL ou sur le calcul de certaines provisions. Mais, ce qui est frappant, c'est que, même après la recapitalisation de 2008, l'ACP enfonce le clou.

Alors qu'à la fin du mois de juin 2010 Dexia renonce, avec trois mois d'avance sur le calendrier imposé par la Commission européenne, aux garanties d'État, à peu près au même moment, le directeur général de DCL, Pascal Poupelle, avertit l'ACP que son établissement ne peut pas respecter les ratios de liquidités qui lui sont imposés et ne parvient pas à réunir seul assez de cash au regard de ses dépenses mensuelles. La Banque de France répond le 16 août en des termes sévères : elle « envisage de placer l'établissement sous surveillance spéciale » et cette décision « s'accompagnerait de la désignation d'un contrôleur ». Car la liquidité de DCL est encore « insuffisante pour permettre à l'établissement de faire face à des situations de stress important ». Le gendarme belge, la CBFA, est mis au courant. Cette menace n'est finalement pas mise à exécution, mais cet échange témoigne de l'inquiétude des contrôleurs.

Dans un autre courrier, daté du 17 septembre, l'ACP pointe une série de manquements dans la gestion des risques. DCL a ainsi sous-évalué ses réserves destinées à absorber les pertes de son portefeuille obligataire, ou encore est incapable de calculer le montant de certains de ses swaps et donc des appels de marge qui lui sont demandés. « D'une manière générale, dit le gendarme financier français, DCL n'est pas ou n'a pas été toujours en mesure de déterminer précisément les paramètres de risque liés aux instruments et aux titres détenus. » Et il ajoute que les efforts fournis par la filiale française de Dexia pour réduire notamment les risques de liquidités depuis 2008 sont insuffisants, et que désormais « des résultats doivent être atteints dans un délai très court, eu égard à l'ancienneté des errements constatés ». Bien sûr, les lettres de contrôleurs sont rarement des déclarations d'amour. Mais les missives envoyées au management de DCL par son gendarme local sont particulièrement sévères.

Les contrôleurs nationaux prendront toutefois des mesures, mais elles serviront surtout à protéger les intérêts nationaux, et non à éviter que le groupe ne sombre dans son entier. Ainsi, au printemps 2008, lorsqu'il apparaît que FSA a des difficultés et a besoin d'une ligne de crédit, Dexia songe d'abord à ce que ce soit DCL qui la fournisse. Mais les autorités françaises mettent leur veto. « La ligne de liquidités de 5 milliards de dollars a été essentiellement octroyée par Dexia Banque Belgique, car la Commission bancaire française a refusé que ce soit DCL qui la porte pour des raisons de grands risques », rappelle Axel Miller, patron de Dexia entre 2006 et 2008.

À l'inverse, appréhendant que Dexia Banque Belgique, gardienne des réserves de dépôts du groupe Dexia et pourvoyeuse de liquidités, ne soit trop mise à contribution, la CBFA anticipe un projet de directive européenne et impose, par un arrêté royal de septembre 2010, une nouvelle limite aux transferts de liquidités : au terme d'une période transitoire, ces transferts intragroupe ne pourront dépasser une fois les fonds propres. Cela signifie que DBB ne pourra pas prêter plus de 8 milliards d'euros à DCL. Le régulateur français sermonne donc DCL et l'engage, comme on l'a vu plus haut, à régler ses problèmes de liquidités. Dexia essaie aussi de nouer un partenariat avec la Banque postale pour avoir une source de liquidités en France. En vain.

Parallèlement, le contrôleur belge devient plus intransigeant : fin décembre 2010, lorsque Dexia veut transférer de DCL vers DBB un portefeuille de 700 millions d'euros environ d'obligations japonaises de très longue durée (une quarantaine d'années), le Crefs[73] met son veto : le transfert de risques vers l'entité belge, certes compréhensible dans une logique de groupe, était jugé trop important.

Ce comportement protectionniste des régulateurs atteindra évidemment son point culminant au début de l'été 2011 lorsque, voyant les risques s'accumuler, la Banque nationale de Belgique commencera à travailler sur la meilleure façon de préserver Dexia Banque du naufrage de Dexia. Ce qui aboutira à la cession à l'État belge en octobre 2011.

Dans le domaine du contrôle, Dexia reflète donc les incohérences européennes et les réflexes protectionnistes que l'on a vus également à l'œuvre dans le règlement de la crise de la zone euro.

Quelles leçons tirer de ce qui précède ? D'abord celle-ci : une réglementation qui, comme Bâle II, se limitait à établir une sorte d'autocontrôle par les banques de leur solvabilité était illusoire. En matière bancaire, les idées de Jean-Jacques Rousseau s'appliquent aussi : les banquiers, dès qu'ils sont plongés dans la société, se pervertissent ; pour les ramener dans le droit chemin, il faut des règles contraignantes. C'est l'esprit de la nouvelle réglementation de Bâle III, qui commencera à entrer en vigueur en 2013 et qui

73. Le Comité des risques et établissements financiers systémiques, qui assume entre octobre 2010 et avril 2011 le rôle de gendarme bancaire.

impose davantage de fonds propres et de meilleure qualité, qui prête davantage d'attention à la liquidité en instaurant de nouvelles règles à respecter et qui réinstaure une limite à la taille du bilan, ce dernier ne pouvant pas, comme dans Bâle I, dépasser de vingt fois la taille des fonds propres.

Au niveau européen, la leçon commence également à porter. On prépare une union bancaire qui doit enfin coordonner le contrôle, la protection des dépôts et, le cas échéant, le sauvetage d'établissements vacillants. On envisage, au moment où nous écrivons ces lignes[74], de placer le contrôle des banques sous un seul superviseur européen, qui serait la Banque centrale européenne. Il est vrai que l'institution de Francfort dispose des meilleurs outils pour être avertie rapidement de tout dérapage et pour pouvoir y remédier. Mais par quelle crise a-t-il fallu passer pour prendre ces mesures !

Un baromètre interne déficient

On ne peut pas refermer ce chapitre sur le contrôle sans parler du contrôle interne. Le contrôle n'est pas uniquement l'affaire de gendarmes extérieurs, il est aussi assuré par les organes au sein du groupe. « Le contrôle interne chez Dexia – comité d'audit, conseil d'administration, gestion des risques – s'est effondré », assure aujourd'hui une source proche du contrôleur belge. Les réviseurs sont aussi pointés du doigt. « Leur fonction allait au-delà de la simple certification des comptes. Ils devaient aussi attirer l'attention sur tout développement qui pourrait poser problème à la stabilité ou la solidité du groupe », ajoute notre source.

74. Début juillet 2012.

À l'occasion d'interviews dans les médias ou d'auditions devant la Commission parlementaire belge, certains administrateurs de Dexia ont affirmé qu'ils ne disposaient pas de plus d'informations qu'un simple investisseur dans le marché. Ce n'est que partiellement vrai : ils avaient en réalité accès aux mêmes informations que le contrôleur belge, la CBFA à l'époque. Les administrateurs ne se plaignaient d'ailleurs pas d'être mal informés. Une enquête interne réalisée dans le courant de l'année 2007 par le contrôleur belge – sur la quantité et la qualité de l'information reçue, sur le nombre de réunions, les moyens techniques mis à disposition du conseil ou sur la qualité des procès-verbaux – débouche sur des taux de satisfaction qui dépassent, sur tous ces points, les 90 %.

Cependant, il serait trop simple de dire que les administrateurs n'ont rien vu. Leur préoccupation grandissante se traduit notamment par des réunions plus fréquentes du comité d'audit[75] : ce dernier tient quatre séances en 2006, cinq en 2007 et sept au cours des neuf premiers mois de 2008. Début 2008, lorsque les problèmes de FSA commencent à prendre de l'ampleur, le comité se plaint de n'avoir pas été suffisamment informé. Pourtant, des membres du top management de Dexia (Axel Miller, Bruno Deletré) ou des administrateurs (Francine Swiggers, la présidente d'Arco) siègent au conseil de l'assureur américain…

On a beaucoup dit aussi que certains avaient tiré le signal d'alarme. Lors d'une audition à huis clos devant les parlementaires belges, le responsable des risques de Dexia, Claude Piret, brandit deux rapports rédigés dans

75. Qui compte trois administrateurs : Gilles Benoist (CNP Assurances), André Lévy-Lang (ancien président du directoire de la banque Paribas) et Marc Tinant (vice-président du comité de direction d'Arco).

les années 2006-2008. Ces documents, qui ne parviendront pas jusqu'au conseil d'administration, ne disent pas que le bilan de Dexia explose, mais ils pointent des questions d'organisation du contrôle des risques. Or, clairement, le contrôle des risques est un des points faibles du groupe jusqu'en octobre 2008. Dans ce domaine également, le groupe exprime son caractère byzantin. Chaque entité a son responsable des risques, mais il n'y a pas de vision d'ensemble. « L'immense portefeuille obligataire est réparti dans les filiales et n'est pas géré de façon centralisée. Dexia dispose de quatorze salles de marché, et le management du groupe ne dispose d'états de trésorerie consolidés que tous les trois mois. J'ai repris plusieurs fois cette image, mais c'était la réalité : Dexia était en pleine tempête au cap Horn et son baromètre indiquait qu'il faisait beau temps aux Marquises », souligne Pierre Mariani[76]. Ce n'est que sous l'ère « Mariani-Dehaene » que l'on réorganise la filière risque et que l'on centralise toute la gestion de la trésorerie chez Dexia Banque Belgique. Mais le mal est fait.

76. Entretien avec l'auteur.

Leçon 3
POURQUOI LA VIE D'UNE BANQUE DÉPEND DES AGENCES DE NOTATION
Ou comment les institutions financières et les investisseurs, par paresse et intérêt, ont laissé à d'autres le soin d'évaluer le risque de crédit

Depuis une quarantaine d'années, le système financier mondial vit au rythme des avis de trois agences de notation – Moody's, Standard & Poor's et Fitch –, qui notent la probabilité de défaillance des entreprises, des États et des pouvoirs locaux.

L'importance des agences provient du mode de financement des entreprises aux États-Unis et plus largement dans le monde anglo-saxon. Alors qu'en Europe continentale ce sont les banques qui financent, via les dépôts qu'elles attirent, les entreprises et les États, aux États-Unis, ce sont les investisseurs qui souscrivent directement à la dette de ces émetteurs. Des investisseurs dits institutionnels qui regroupent certes les institutions financières et des assureurs, mais aussi et surtout une kyrielle de fonds d'investissement plus ou moins réglementés. Pour les attirer, les entreprises qui en ont les moyens s'adressent aux agences de notation, qui, moyennant paiement, analysent la solidité de leur dette et publient les ratings de leurs clients. Une bonne notation, qui salue la solidité du débiteur, se traduit donc par la possibilité de lever des fonds à bon marché. Les agences publient aussi des notes d'émetteurs qui ne les ont pas sollicitées, des *unsolicited ratings*, essentiellement des États, pour rendre service au marché et asseoir la nécessité de leur existence.

Pour toute grande entreprise, ces notations sont donc importantes puisqu'elles déterminent leur coût de financement, mais, pour Dexia, elles sont cruciales. Le modèle bâti par le groupe au milieu des années 2000 consiste à aller se financer à faible coût dans le marché interbancaire, qui paraît intarissable. Pour soutenir les économies occidentales chancelantes après l'éclatement de la bulle Internet et les événements du 11 septembre 2001, les banques centrales, et surtout la Fed américaine, ont en effet déversé des torrents de liquidités. Dexia veut aller s'y abreuver en profitant de ses excellentes notations pour se financer à bon marché. Les agences amorcent la « pompe à phynances » de Dexia.

Certes, Dexia dispose alors d'un réseau de récolte de l'épargne des particuliers au Luxembourg (avec la BIL) et en Belgique (avec Dexia Banque Belgique), et elle le renforcera plus tard avec l'acquisition de Denizbank en Turquie. Mais ces dépôts ne suffisent pas à financer la stratégie que le groupe veut mettre en place, et dont l'une des principales têtes de pont est constituée par sa filiale française, Dexia Crédit local (DCL). DCL ne possède pas de réseau. C'est pourtant lui qui a accueilli les grandes acquisitions : l'assureur américain FSA, Crediop, Sabadell et une série d'actifs exotiques japonais, latino-américains… Pourquoi est-ce justement le pôle du groupe le plus faible en termes de financement propre qui a procédé à ces achats ? La réponse, on l'a vu, est à chercher dans l'histoire du groupe. Dexia était le fruit d'un compromis : à la Belgique, le siège social ; à la France (donc DCL), le pilotage du premier métier du groupe, le financement des collectivités locales.

Pour mener cette politique, DCL se finance dans les marchés à court et à long terme. Dans les deux cas, il est vital pour lui d'avoir une bonne note financière. Pour le financement à court terme, cela va de soi : les investisseurs qui prêtent à un, deux ou trois mois ne prennent que du papier d'émetteurs sans reproche. Pour le long terme, il faut savoir que Dexia est alors un acteur important du marché des covered bonds : ces obligations sécurisées bénéficient d'une garantie si l'emprunteur fait défaut. Cette garantie prend souvent la forme d'un emprunt hypothécaire ou d'un prêt à une collectivité locale, deux formes de crédit très sûres.

Dexia octroie d'importants crédits aux collectivités, en France, en Belgique et ailleurs, mais la banque n'a pas assez de dépôts pour financer ces activités. Elle va donc se financer en émettant des obligations sécurisées. La banque regroupe ses crédits en paquets qui vont servir de garantie à ces covered bonds, lesquels sont émis par Dexma, une filiale spéciale qui, pour bénéficier de la meilleure note (triple A) des agences de notation, peut s'appuyer sur ces excellents crédits qu'elle apporte en garantie aux investisseurs, mais aussi sur un « surfinancement » en provenance de sa maison mère, DCL.

Le système est lucratif pour Dexia car, grâce à l'excellent rating de Dexma, il refinance ses crédits aux collectivités à très bon marché et réalise donc une jolie marge entre ce que ces crédits lui rapportent et les intérêts que le groupe paie sur ses covered bonds. Mais, si Dexma perd son triple A, adieu veaux, vaches, cochons : Dexia ne peut plus se financer à bon marché, perd sa marge bénéficiaire… et le système s'écroule.

Pendant des années, Dexia affiche d'excellents ratings. L'institution peut en effet se targuer d'un des meilleurs ratios de solvabilité des banques européennes : en théorie, elle dispose d'un matelas de fonds propres suffisant pour amortir les pertes qui pourraient affecter ses portefeuilles d'obligations ou de crédits. Mais ce bulletin est biaisé. Car le montant des fonds propres requis pour une banque dépend à la fois de la taille de ses engagements (son portefeuille de crédits, son portefeuille d'obligations) mais aussi de leur nature. Selon les ratios réglementaires en vigueur, par exemple, il ne faut quasiment pas mettre de fonds propres en regard des crédits aux pouvoirs publics ou des obligations d'État. C'est ce qui explique que Dexia affichera toujours des ratios réglementaires en béton. Alors qu'à la fin de l'année 2006 le groupe présente des fonds propres de 14,4 milliards d'euros pour un total de bilan de 566,7 milliards (soit des fonds propres qui s'élèvent à 2,5 % de ses engagements), son ratio de fonds propres de base (son Tier One) est beaucoup plus élevé, titillant les 10 %. Et même à la fin 2008, après le cataclysme, Dexia affiche encore un total de bilan de 651 milliards d'euros pour seulement 5,6 milliards d'euros de fonds propres, soit... 0,86 %. Mais son ratio réglementaire n'en est nullement affecté : il s'élève encore à 10,6 %.

Cette solidité de surface se reflète donc dans la note financière qui caractérise Dexia en 2006 : AA chez Standard & Poor's, AA+ chez Fitch et Aaa chez Moody's, soit la troisième meilleure possible dans la classification des agences. Des agences aveugles, à l'époque, à la vulnérabilité de Dexia si un événement imprévu venait affecter la qualité de ses crédits aux pouvoirs publics.

Chez Dexia, cette hypersensibilité aux notes financières n'est un secret pour personne. Lorsque, le 23 mai 2006, le management présente son fameux plan de croissance au conseil d'administration, il insiste : la banque a un besoin impérieux de conserver ses excellentes notes. Il explique qu'une dégradation d'un simple cran se révélerait en effet extrêmement grave. Elle donnerait un sérieux coup de canif à la profitabilité du portefeuille de prêts existant : les coûts de financement s'envoleraient, alors que les recettes (les intérêts payés par les clients sur ces prêts) resteraient stables, et la rentabilité même de la nouvelle production de prêts serait compromise pendant de nombreuses années (jusqu'en 2015, estime le management). Une dégradation de deux crans, quant à elle, mettrait à bas tout le modèle, puisque le véhicule de covered bonds, Dexma, perdrait son indispensable note triple A. Depuis longtemps, donc, les gestionnaires du groupe savent qu'ils sont à la merci des agences de notation.

L'impact inattendu de la faillite de Lehman

Il y a un élément, toutefois, que les membres du comité de direction et les administrateurs de Dexia ne pouvaient connaître en 2006 : la faillite de Lehman Brothers et ses multiples effets. La chute de la quatrième banque d'affaires américaine à la mi-septembre 2008 a en effet des conséquences incalculables sur le comportement des grands investisseurs, comme les banques en surplus de liquidités mais aussi ce qu'on appelle les fonds monétaires : des fonds d'investissement qui récoltent les dépôts d'entreprises, de particuliers, voire d'autres institutions financières, pour les placer à court terme dans le marché.

Une des conséquences inattendues de la faillite de la banque américaine est de geler le plus ancien fonds monétaire américain, le Reserve Primary Fund, créé au début des années 1970. À l'époque, la législation américaine *(Regulation Q)* ne permettait pas de rémunérer les comptes de dépôt à vue. Pour répondre à la demande des investisseurs désireux de placer leur cash dans des endroits sûrs en échange d'une petite rémunération, deux hommes d'affaires au nez creux lancent en 1971 ce Reserve Primary Fund. Et bientôt des dizaines, puis des centaines de fonds monétaires apparaissent dans son sillage. En 2008, le Reserve Primary Fund pèse une soixantaine de milliards de dollars, et la famille des fonds monétaires représente, sur le marché américain, 3 500 milliards de dollars.

Pour comprendre la suite, il faut savoir que les fonds monétaires ont une règle d'or : un dollar investi chez eux, qu'il vente ou qu'il grêle, représente un dollar d'actif net. Un peu comme un euro placé sur un compte reste naturellement un euro. Aucun client d'une banque ne va se demander si la valeur du dépôt qu'il laisse sur son compte à vue ou son compte d'épargne risque de baisser. Cette certitude est identique pour les clients américains des fonds monétaires.

Or, voilà qu'avec Lehman cette rassurante certitude vole en éclats. Car le Reserve Primary Fund a investi dans 785 millions de dollars de papier commercial de Lehman Brothers, ainsi que dans d'autres certificats qui se sont révélés toxiques. Au lendemain de la faillite de Lehman, le 16 septembre 2008, le fonds annonce qu'il gèle les remboursements. Il fait ses calculs: il ne peut restituer que 97 cents par dollar investi (finalement, en 2011, les déposants récupéreront un peu plus de 99% de leur mise). Le séisme est inimaginable: la confiance dans le système de dépôt, aux États-Unis, est ébranlée.

Cet épisode est crucial car il explique pourquoi les gérants des fonds monétaires sont devenus prudentissimes. Ils n'investissent plus que dans du papier sûr à 100%, soit parce qu'il est *secured*, c'est-à-dire garanti par du collatéral, soit parce qu'il affiche une excellente note auprès des agences de notation. Et si jamais un émetteur est menacé d'être dégradé, le gestionnaire ne fera pas dans la dentelle : il vendra immédiatement le papier émis par ce mouton noir.

On comprend mieux, dès lors, le mécanisme qui a mis Dexia au tapis : lorsque Standard & Poor's, en mai 2011, puis Moody's, en septembre, annoncent qu'elles mettent sous surveillance *(credit watch)* les notes court terme de Dexia, les fonds monétaires, qui ne veulent prendre aucun risque, ferment les robinets de financement du jour au lendemain. En mai, l'annonce de S&P fait perdre à Dexia 20 milliards de dollars de financement court terme sur le marché américain. En septembre, le communiqué de Moody's assassine purement et simplement la banque.

Agences de notation, théorie et pratique

Les agences de notation disposent donc d'un droit de vie ou de mort sur les banques qui, comme Dexia, ont besoin des marchés pour se financer. On peut supposer que leur décision est longuement mûrie, soupesée, passée au crible. C'est en partie vrai : les analystes des agences sont en contact régulier avec les banques qu'ils évaluent et, outre les rendez-vous annuels au sein de l'entreprise, qui peuvent mobiliser plusieurs jours, ils passent de nombreuses heures en conférence téléphonique pour éclaircir tel ou tel point. Lorsqu'ils mettent une banque sous revue, cette analyse s'intensifie encore. De plus, afin de garantir l'objectivité du processus de notation, l'analyste en première ligne qui est en charge du dossier est « couvert » par un responsable en deuxième ligne.

Cette théorie, cependant, ne permet pas de tout comprendre, et certainement pas d'appréhender ce qui s'est passé pour Dexia. Certaines décisions vitales pour ce groupe, bien loin de découler de procédures claires et immuables, ont relevé de subtils jeux d'influence et de réactions plus émotionnelles que rationnelles, ou, plus grave encore, semblent avoir été entachées d'erreurs de jugement.

Un premier exemple frappant de la subjectivité des agences de notation est donné lorsque, en février 2010, la Commission européenne approuve enfin le premier plan de restructuration de Dexia[77]. Les trois grandes agences de notation se doivent de réagir, mais leur analyse est étonnamment divergente. Ainsi, Moody's est positif. L'agence se réjouit des progrès réalisés par Dexia dans son processus de restructuration et annonce qu'elle maintient les notes sur la dette à court et long terme de la banque. Moody's rehausse même la note de solidité intrinsèque (le BFSR, *Bank financial strength rating*) du groupe et revoit de « négatives » à « stables » les perspectives de Dexia. Fitch, de même, salue la décision européenne et confirme les notes court et long terme de Dexia. Pourtant, chez Standard and Poor's, la réaction est totalement différente. L'agence craint que les mesures imposées par l'Europe n'entament trop la profitabilité du groupe et se pose des questions sur le modèle de Dexia dans son métier de financement des collectivités locales. Elle abaisse, de « stables » à « négatives », les perspectives du groupe.

Or, Moody's va changer de point de vue. Fin 2010, l'analyste principale en charge du dossier Dexia quitte l'agence.

77. Sur les relations entre Dexia et Moody's, beaucoup d'informations sont tirées du rapport de la Commission parlementaire belge sur le démantèlement du groupe bancaire.

Elle est remplacée par Yasuko Nakamura, une analyste compétente mais sans grande expérience bancaire. C'est le cinquième analyste de Moody's que Dexia voit défiler en trois ans et, avec Mme Nakamura, le management ne va pas entretenir les meilleurs rapports. La prise de contact, début mars 2011, relève déjà du bras de fer. L'analyste, préoccupée par la situation de liquidités du groupe, demande l'organisation d'une réunion en urgence avec le management. Au printemps 2011, pourtant, la situation n'est pas spécialement tendue; Dexia parvient à réduire son manque de liquidités. Du coup, certains responsables avec lesquels Yasuko Nakamura est en contact la prennent de haut. Ils conseillent à cette analyste novice sur ce dossier d'attendre le mois de juin, moment de la traditionnelle réunion annuelle avec l'agence, à laquelle Dexia prévoit de consacrer deux jours entiers.

Mais l'analyste de Moody's campe sur ses positions et finit par obtenir sa réunion, qui se tient le 14 mars. Dexia a dépêché trois calibres: deux membres du comité de direction (Alexandre Joly, responsable de la stratégie, et Benoît Debroise, responsable de la trésorerie et des marchés) ainsi que Johan Evenepoel, responsable de la gestion des liquidités. Lors de l'entretien, ces trois banquiers ont l'impression que l'analyste ne comprend pas toutes les finesses de la mécanique Dexia. C'est donc la stupeur lorsqu'une semaine plus tard, sans avertissement préalable, Dexia reçoit de Moody's un projet de communiqué dans lequel l'agence annonce son intention de dégrader d'un à deux crans la note des principales entités du groupe. La banque fait immédiatement appel de la décision. Elle pointe l'incohérence de l'agence de notation: entre le constat rassurant que Moody's tire en février 2010 et ce coup de semonce, la restructuration a encore avancé de quelques pas et la situation des liquidités s'est améliorée. Moody's est sensible à l'argument. Finalement, l'agence publie un communiqué dans lequel elle dit placer sous revue les notes des trois grandes filiales du groupe ainsi que sa note de solidité intrinsèque (BFSR), mais, et c'est là l'important, elle maintient la note de financement court terme du groupe. Dexia peut continuer à s'abreuver dans le marché monétaire.

Le climat se gâte toutefois rapidement dans un contexte de crise grecque qui prend de l'ampleur. En mai, Standard & Poor's met sous revue les notes court terme et long terme, ce qui provoque l'assèchement des liquidités en dollars du groupe. La banque fait appel de la décision et reçoit de bonnes nouvelles au début de l'été : le 7 juillet, Standard & Poor's confirme certes les perspectives négatives sur la plupart des notes de Dexia, mais elle revient sur sa décision de placer les notes court terme sous revue.

Le 8 juillet, Moody's, qui a terminé sa mise sous revue, livre son résultat : les notes long terme de Dexia sont abaissées de deux crans, à A3. Elles sont toutefois assorties de perspectives stables. Et surtout, là encore, la note court terme est maintenue.

En ce début d'été, Dexia commence donc à respirer. Le conseil d'administration se prend à espérer un réamorçage des financements court terme. Il prévoit même un retour d'une quinzaine de milliards d'euros. Dexia, toutefois, ne maîtrise pas la politique européenne. Or, le sommet des chefs d'État et de gouvernement de la zone euro qui se tient à Bruxelles le 21 juillet ne parvient pas à rétablir la confiance dans les marchés. Au contraire, lors du sommet, la zone euro reconnaît le défaut partiel de la Grèce, le premier défaut d'un État membre de la zone. Les dirigeants européens décident d'un nouveau paquet d'aides pour

Athènes ainsi que du renforcement du Fonds européen de stabilité financière (FESF), pour éviter une contagion de la crise grecque aux autres pays fragiles. Mais l'Europe montre son manque d'efficacité : le renforcement du FESF doit être ratifié par chaque Parlement national. Et le processus, un moment menacé par un parti nationaliste slovaque, ne sera terminé que trois mois après le sommet. Le 21 juillet, les dirigeants européens obligent aussi les banques et les grands investisseurs à prendre leur perte sur leur portefeuille de titres grecs. On parle alors d'une décote de 21 %, mais les calculs sont vite faits : ce n'est pas suffisant pour alléger la Grèce de son fardeau. Face au manque de crédibilité du plan européen, les investisseurs deviennent nerveux et le mois d'août est épouvantable dans les marchés.

Du côté de Moody's et de Dexia, diverses conférences téléphoniques ont lieu au cours de cet été meurtrier, et elles ne se passent pas bien. La banque a l'impression d'entretenir un dialogue de sourds. Au point que le management en informe le conseil d'administration lors de sa réunion du 3 août. Moody's, explique alors Pierre Mariani, se trompe sur trois points. D'abord, sur la réserve AFS de titres « disponibles à la vente ». Ce sont des obligations d'État qui, avec la crise de la dette souveraine, ont perdu de la valeur, mais que la banque ne compte pas vendre immédiatement. Si elle les détient jusqu'à échéance, elle ne prendra pas de pertes. En outre, une grande partie (60 %) de ces titres est éligible aux opérations de refinancement de la Banque centrale européenne. Non seulement ces titres ne sont pas une charge, mais c'est un moyen d'avoir des liquidités. Or, Moody's ne tient pas compte de ces arguments et estime que la réserve AFS est une cause de pertes et de fuite de liquidités pour le groupe.

Pierre Mariani poursuit : le comportement de Moody's est paradoxal : l'agence rehausse la note de solidité intrinsèque de Dexia (BFSR) en février 2010, au moment où le trou de liquidités atteint 147 milliards d'euros, et voilà qu'elle songe à l'abaisser à l'été 2011, quand ce gap se réduit à 100 milliards. Enfin, troisième erreur, Moody's estime mal les effets de la réduction de la production de nouveaux crédits aux collectivités locales. En 2010, Moody's estimait que cette réduction, voulue par la Commission européenne, constituait un élément positif, puisqu'elle allégeait le bilan et les besoins de liquidités. Et voilà qu'à l'été 2011 l'agence pense que cette mise au ralenti des nouveaux crédits aux collectivités locales est un facteur d'affaiblissement, que le groupe va générer moins de profits.

Face à ces incohérences, Pierre Mariani songe même un moment à prendre la plume et à écrire non seulement à l'agence de notation, mais aussi aux régulateurs et aux banques centrales. Il ne le fera pas, espérant encore convaincre Moody's. Il n'y parviendra pas.

Le jeudi 29 septembre dans l'après-midi, Moody's avertit donc Dexia qu'elle lui enverra un projet de communiqué dans la soirée annonçant une mise sous revue de ses notations court et long terme. On connaît la suite : le communiqué, finalement lancé le lundi 3 octobre, scelle la mort du groupe en le privant des dernières sources de financement dont il disposait dans le marché.

Un cas d'école de prophétie autoréalisatrice

Aujourd'hui encore, ce communiqué du 3 octobre 2011 fait couler beaucoup d'encre. Il constitue en effet un revirement brutal. Pourquoi l'agence a-t-elle durci sa position, alors qu'une dizaine de semaines plus tôt elle décidait de ne pas toucher aux notes court terme du groupe et assortissait ses notes long terme d'une perspective stable ? S'est-elle trouvée trop laxiste ?

On sait qu'il existe une grande rivalité entre agences de notation, surtout entre les deux plus grandes (S&P et Moody's), et que, depuis la chute de Lehman Brothers, elles mettent un point d'honneur à être les premières à pointer un risque majeur pour le marché. Elles sont d'autant plus rapides sur la balle qu'elles veulent se refaire une virginité, la crise des subprimes ayant révélé au grand jour leurs lucratifs conflits d'intérêts. En 2006, la notation des crédits structurés représente 800 millions de dollars de revenus pour Moody's, soit 80 % du total de ses activités de notation. D'une main, les grandes agences de notation ont aidé, par leurs conseils, les banques dans la fabrication de CDO, ces obligations adossées à des crédits qui se sont révélés toxiques ; de l'autre, elles notaient ces produits. Elles ont été en partie responsables de cette machine à fabriquer des obligations prétendument sans risque à partir de crédits immobiliers risqués, et ont été pointées du doigt lors des commissions d'enquête parlementaires américaines. Il fallait donc qu'elles changent leur image et ne laissent plus rien passer en termes de risque.

Dans ce contexte, l'agence qui tire en premier sur un « maillon faible » prend l'avantage. On suppose qu'elle est plus perspicace, plus indépendante, plus crédible : en un mot, meilleure que ses concurrentes – même si elle tire des conclusions erronées, comme a pu le penser le management de Dexia, justement parce qu'elle connaît moins le dossier. Cela n'a pas d'importance : l'essentiel, pour l'agence qui veut restaurer sa crédibilité, n'est pas d'éviter de mal noter une bonne dette, mais d'éviter de trop bien noter une mauvaise dette ! Et tant pis si, en émettant un avis négatif surprenant, une agence injecte une dose d'incertitude dans le marché. En fait, cela conforterait plutôt son erreur de jugement… qui n'en serait plus une. Si une agence attribue une mauvaise note alors que ses consœurs sont plus indulgentes, les investisseurs se disent que les agences ne sont pas d'accord entre elles et sont enclins, par prudence, à retirer leur financement, donc à provoquer un risque qui, peut-être, n'existait pas au départ. Ce qui conforte l'agence « méchante » dans le bien-fondé de son comportement, puisqu'elle peut dire : « Vous voyez, j'avais raison la première. » Une parfaite prophétie autoréalisatrice.

Le communiqué de Moody's en est un exemple typique. En avertissant les investisseurs qu'elle place les notes de Dexia sous revue, l'agence concrétise le danger qu'elle dit redouter. Son communiqué voulait avertir le marché d'un possible problème de financement de Dexia, il devient la cause directe de ce problème. « Moody's a précipité un événement qu'il voulait prévenir », assène le patron de Dexia, Pierre Mariani.

Le lien entre la chute de la banque et le communiqué de l'agence est si évident que certains se sont demandé s'il n'y avait pas une faute de la part de Moody's. « L'agence ne pouvait pas ignorer qu'elle ne pouvait que se tromper en émettant son avis, nous explique Georges Hübner, professeur de finances à Liège et à Maastricht, un des experts mandatés par le Parlement belge pour analyser la chute de Dexia. Le fait de mettre Dexia sous credit watch négatif à court terme aboutissait immédiatement et quasi automatiquement à ce qu'il ne puisse plus du tout se financer à court terme, ce qui est infiniment plus sévère que la "simple" menace brandie par Moody's. En d'autres termes, Moody's ne pouvait que se tromper sciemment en rendant son avis. Il s'agit d'une erreur manifeste et prévisible, donc fautive, de la part de l'agence. »

À quoi sert un rating ?

Pour leur défense, les agences de notation clament qu'elles sont de simples pourvoyeuses d'avis, rien de plus. Elles prennent bien soin de stipuler au bas de chaque évaluation que « la notation est une appréciation de la qualité de crédit d'une dette et n'est en aucun cas une recommandation d'acheter, de vendre ou de conserver un titre ». Un argument suivi par la justice américaine. Lors de la crise des subprimes, certains investisseurs ont voulu poursuivre des agences, estimant qu'elles avaient été l'une des causes du désastre : poussées par leur intérêt financier, elles avaient fortement aidé les banques à fabriquer des produits toxiques. Ces poursuites n'ont pas abouti parce que les agences de notation s'étaient retranchées derrière le premier amendement de la Constitution américaine, qui garantit la liberté d'expression. Les rares cas où des agences ont été condamnées aux États-Unis sont ceux dans lesquels les plaignants ont pu apporter la preuve que l'agence les avait sciemment trompés, et qu'ils en avaient subi des dommages importants.

Pourtant, on le sait, les agences sont davantage que de simples consultantes dont les investisseurs seraient libres de suivre les recommandations ou non. L'exemple de Dexia le montre : en pratique, un avis d'une agence peut suffire à fermer tout financement à un géant de la finance mondiale. Les marchés comme les régulateurs se reposent dans bien des cas sur les notes des agences, les uns pour prendre leur décision d'investissement, les autres pour asseoir des règlements. Ainsi, dans les opérations de titrisation, les fonds communs de créances qui rachètent aux banques les actifs à titriser (des crédits automobiles ou immobiliers, par exemple) et qui, pour ce faire, émettent des obligations sont bien souvent obligés par les régulateurs d'avoir une notation. Ce qui n'a pas empêché la crise des subprimes, les agences de notation accordant des triples A à tour de bras à des véhicules de titrisation bourrés de crédits toxiques. Parallèlement, certains investisseurs institutionnels, comme des Sicav obligataires ou des fonds de pension, sont obligés d'investir dans des titres présentant au moins un certain rating.

Les institutions financières, les grands investisseurs, les gestionnaires de fonds, ces professionnels si sophistiqués ont délaissé ce qui faisait le cœur de leur métier : l'analyse du risque. Ils l'ont déléguée à des tiers, les agences de notation. Même les autorités financières ont pris ce pli. Lors de la constitution du FESF, le fonds de secours temporaire de la zone euro, les autorités européennes ont longuement discuté avec les agences de notation afin de s'assurer que ce fonds puisse bénéficier d'un triple A. La Banque centrale européenne se réfère aux avis des agences pour déterminer ce qu'elle accepte comme obligations dans ses opérations de refinancement. Les règles de Bâle, qui fixent le montant de capital que les banques doivent détenir en fonction de la taille et de la nature de leurs engagements, font également référence aux ratings. En 1999, lorsque le Comité de Bâle s'est penché sur la réforme du ratio Cooke, le premier ratio de solvabilité imposé aux banques des pays développés, les premières moutures de la réforme, parues en juin 1999 et en janvier 2000, donnaient un pouvoir quasi régulatoire aux agences puisque l'on se fondait sur leur avis pour déterminer la pondération des actifs des banques et donc le niveau de fonds propres qui était requis. Finalement, on a opté pour une méthode laissant aux grandes banques le soin de déterminer elles-mêmes le risque de leur portefeuille et donc le niveau de pondération des actifs, sous l'œil vigilant, en théorie, des régulateurs. Mais les plus petits établissements peuvent encore se reposer sur les notes des agences pour déterminer le montant des fonds propres qui doivent être mobilisés en regard de leurs engagements.

Enfin, dans les faits, si un émetteur effectue un appel public à l'épargne en désirant placer des obligations auprès des particuliers, son dossier sera traité avec beaucoup plus de célérité si cette émission est déjà notée par une agence…

Les agences constituent donc un maillon fondamental de la chaîne financière. Or, par aveuglement coupable et par manque de moyens (les analystes sont souvent débordés), elles ont accumulé les erreurs de jugement : elles n'ont pas vu arriver la crise asiatique de la fin des années 1990 ni l'éclatement de la bulle Internet. La façon dont le cas Enron a été traité est révélatrice : ce qui était le premier groupe mondial d'énergie devait être dégradé en 2001 par Moody's, mais Chevron, Citigroup et JP Morgan ont réussi à convaincre l'agence de retarder la dégradation afin de ne pas hypothéquer les chances d'une OPA de Dynegy sur le groupe en difficulté. Après la découverte de fraudes comptables, l'offre ne s'est finalement pas faite. C'est seulement alors que les agences ont dégradé – massivement – la dette d'Enron, de cinq à six crans d'un coup, quelques jours avant la faillite !

Plus récemment, les pays européens n'ont pas eu droit à un régime de faveur. La note de la Grèce a été dégradée par

S&P au moment même où l'Europe préparait un plan de sauvetage – une situation qui n'est pas sans rappeler celle de Dexia. Quant à la France, elle a simplement été victime d'une « erreur ». Le 10 novembre 2011, Standard & Poor's diffuse à certains de ses abonnés un communiqué annonçant que la France perd son triple A, avant de se rétracter quelques heures plus tard. Enfin, sur Dexia, la cécité a été complète : « En 2008, les agences de notation accordaient encore à Dexia le meilleur rating de la place de Paris, une note identique à celle de BNP Paribas à l'époque », souligne Pierre Mariani. Si l'on reproche à Dexia de ne pas avoir perçu les dangers de sa fuite en avant, les agences de notation n'ont guère été plus perspicaces…

Plus généralement, les agences sont attaquées sur au moins trois fronts. Un : l'opacité de leur modèle d'évaluation et de leur processus de décision. Au début de l'été 2012, la Commission européenne a d'ailleurs annoncé qu'elle lançait une enquête dans les agences de notation afin de vérifier si elles disposaient d'assez de moyens humains et d'un modèle suffisamment éprouvé pour rendre des avis corrects. Le cas de Dexia permet en effet d'en douter : erreur de jugement, contradiction, omission d'éléments. Deux : l'organisation du marché de la notation. Les trois grandes agences (Moody's, Fitch, Standard & Poor's), dont le siège principal est situé à New York, constituent un puissant oligopole régnant sur 90 % du marché de la notation. Trois : leur modèle d'affaires. Les agences sont payées non par les investisseurs, mais par les émetteurs, c'est-à-dire par ceux (entreprises, pouvoirs publics) qui désirent avoir une (bonne) note avant d'aller solliciter les marchés. Les évaluateurs sont rémunérés par les évalués. Ce n'est pas la meilleure manière d'assurer un jugement objectif.

Quelles sont les solutions ? Il faut d'abord remettre les agences à leur place. Oui, elles ne délivrent que de simples avis parmi d'autres, et elles ne doivent en aucun cas servir de référence aux régulateurs. Aux États-Unis, la nouvelle réglementation imposée par l'administration Obama interdit désormais de faire référence aux agences dans les textes de réglementations bancaires et financières. En Europe, c'est plus compliqué. Le commissaire Michel Barnier avait lancé en 2011 plusieurs propositions intéressantes ayant pour but de limiter l'oligarchie des *big three* (les trois grandes agences). Son projet de directive suggérait d'obliger les agences à suspendre la notation des pays qui se trouvent dans une situation exceptionnelle (comme la restructuration d'une dette). Il voulait aussi obliger les émetteurs à changer d'agence de notation tous les trois ans. Mais le texte a été rejeté.

Pour casser cette oligarchie, certains, à la Commission européenne ou dans beaucoup d'États membres de l'Union européenne, veulent créer une agence de notation européenne. Devrait-elle faire partie d'une institution comme, par exemple, la Banque centrale européenne ? Le débat est animé, car certains estiment que cette agence européenne pourrait alors être accusée de conflit d'intérêts. Et c'est vrai que l'on imagine difficilement une antenne de la BCE déstabiliser un pays en lui assénant une mauvaise note alors que, d'un autre côté, la BCE est chargée de la stabilité financière.

On s'orienterait donc plutôt vers des initiatives privées. Le bureau de consultance Roland Berger, associé à la Deutsche Börse, au Land de Hesse et à des institutions financières, voudrait ainsi accoucher d'une agence dans les trois ans. Elle aurait un modèle très différent de celui des *big three* puisqu'elle serait rémunérée par les investisseurs et non plus par les émetteurs. Mais, au moment où ces lignes sont écrites, ce projet a du mal à trouver des investisseurs prêts à débourser les 300 millions d'euros nécessaires à sa création. La banque éthique d'origine néerlandaise Triodos et divers think tanks, parmi lesquels la fondation allemande Bertelsmann, ont également un projet dans les cartons…

En attendant, les agences de notation continuent d'exercer leur métier comme par le passé et, malgré les beaux discours, ce système vicié est toujours à l'œuvre.

Leçon 4
UN MODÈLE MONSTRUEUX
Ou comment des banquiers essaient par tous les moyens de s'émanciper de l'ennuyeux métier de la banque et d'accroître leur bonus

Au commencement, il y a ce métier assez ennuyeux, celui de banquier pour les collectivités locales, les communes. Une activité qui devient cependant plus difficile à la fin des années 1990 : avec l'arrivée de l'euro, les taux d'intérêt se mettent à baisser et les concurrents à se multiplier. Ce marché perd en rentabilité. « Dexia n'avait pas un fonds de commerce très valorisant, dit un proche du management actuel. Alors, quand les marges se sont rétrécies, la banque a commencé à prêter à plus long terme et à se financer à plus court terme. » Pourquoi ? Parce que, lorsque l'on prête à dix ou quinze ans plutôt qu'à deux ans, on peut demander des taux plus élevés, et lorsque l'on emprunte au jour le jour plutôt qu'à dix ans, on paie des taux moins élevés. Lorsque l'on combine les deux pans de l'équation, la marge de la banque est plus importante.

C'est alors qu'apparaît l'*hubris*. Ce mélange d'orgueil et de démesure. Cette faute majeure qui insupporte les dieux grecs au point que Némésis, déesse de la vengeance, détruit impitoyablement ceux qui s'y abandonnent.

Le modèle défaillant de Dexia repose sur l'*hubris*. Vouloir à tout prix continuer à croître en taille et en profit (et donc en bonus pour le management), et utiliser toutes les ficelles pour ce faire : se financer à court terme parce que cela coûte moins cher et gonfle les profits ; se développer à l'international parce que ces marchés sont moins concurrentiels que le marché européen et que l'on peut y réaliser des marges plus juteuses ; faire en sorte, avec la bénédiction des régulateurs, d'avoir relativement peu de fonds propres par rapport à ses activités parce que, ainsi, le gâteau sera réparti en plus petit comité.

Pendant des années, tout le monde se félicite de cette course à la taille qui permet, entre 2004 et 2007, d'augmenter par an les résultats de 12 % et les dividendes de 16 %. Chaque année, les membres du management parient entre eux sur le cours qu'affichera l'action un an plus tard. Mais Némésis veille.

Bilan de Dexia à la fin de l'année 2008 :
651 milliards d'euros

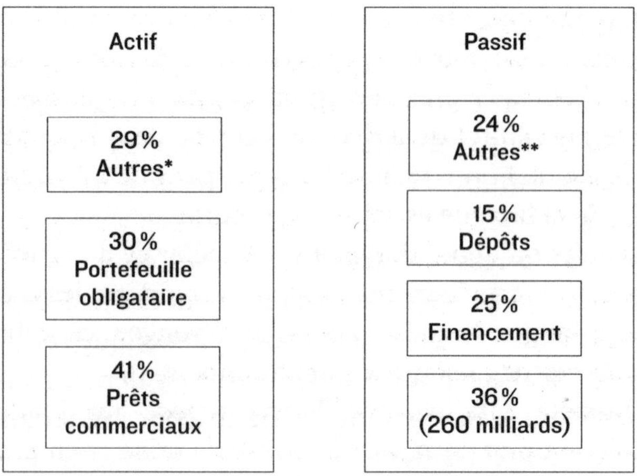

* Autres actifs = dérivés (55 milliards), assurances (20 milliards)...
**Autres passifs = Financial Products (10 milliards), dérivés (76 milliards), assurances...

La troisième voie

Le modèle bancaire de Dexia n'était pas classique. L'ancienne direction le confesse elle-même : « Lorsque vous regardez ce qui existe dans le monde pour assurer le financement des collectivités locales, il n'y a que deux formes, explique Axel Miller, qui fut le patron de Dexia entre 2006 et 2008. La première est la forme d'une banque d'épargne qui, d'une part, collecte les dépôts et, d'autre part, les recycle en crédits aux collectivités locales. Ce modèle fonctionne bien. Le dépôt finance le crédit. C'est un modèle bancaire sûr, produisant un rendement sur fonds propres qui, à travers le cycle, devrait s'établir à 8, 9 ou 10 %. » C'est en effet le modèle d'une banque classique, qui transforme en échéance, en taux, en risque les dépôts de sa clientèle, celui adopté par le Crédit communal de Belgique.

« Le deuxième modèle qui existe dans le monde, poursuit Axel Miller, c'est celui de financement des collectivités locales sous signature publique. Vous en trouvez de nombreuses formes dans le monde, mais c'est toujours le même principe. C'est l'État qui, sous son rating souverain, lève de la ressource sur les marchés ou via l'impôt. Cette ressource, il l'affecte au financement des collectivités locales. C'était en gros le modèle historique originel du Crédit local de France. » Une voie également suivie par Depfa en Allemagne ou la Bank voor Nederlandse Gemeenten aux Pays-Bas.

On a présenté Dexia comme la fusion de ces deux modèles. Les excédents de dépôts belges allaient financer les crédits aux collectivités locales françaises. Mais il y a dans cette présentation, et ce dès le début, une hypocrisie, voire un mensonge. Souvenons-nous de la lettre ouverte publiée par Pierre Richard dans *Le Monde* en 1996, lorsque le partenariat se noue : « En fusionnant pour donner naissance au groupe Dexia, au bilan de 1 000 milliards de francs, [le CLF et le CCB] comptent trouver une vigueur nouvelle qui leur permettra d'accentuer leur développement international et de devenir sans complexe le numéro un mondial du financement des équipements collectifs. »

Pour soutenir cette conquête mondiale, les dépôts belges, même surnuméraires, ne suffisent évidemment pas. « Il est évident, ajoute Axel Miller, qu'à partir du moment où la stratégie de développement du Crédit local de France, partie du groupe Dexia, était de se lancer à la conquête du monde et de financer non seulement les collectivités locales françaises, mais aussi les collectivités locales italiennes, espagnoles, slovaques, allemandes, américaines et autres, ça n'est pas le surplus de l'épargne belge qui allait permettre, même très partiellement, de financer cette expansion. Forcément, poursuit l'ancien patron belge de Dexia, ce modèle s'est dirigé vers la recherche d'une troisième voie, qui était de rechercher des financements de marchés. »

Les obligations sécurisées

Ayant donc trop peu de dépôts pour se financer à long terme, Dexia se tourne vers les obligations sécurisées, les covered bonds. Ces obligations offrent une double sécurité à l'investisseur. Elles sont émises par des filiales de grands groupes bancaires qui sont responsables de leur remboursement, et sont en outre garanties par un panier d'actifs (des crédits immobiliers de bonne qualité ou des crédits aux pouvoirs publics) sur lesquels les investisseurs ont des droits privilégiés. Et comme ces obligations sont donc très sûres, elles portent un coupon peu élevé.

Le système des covered bonds fonctionne en théorie comme une vis sans fin. Dans un premier temps, une banque mobilise une partie de ses moyens, par exemple 50 millions d'euros de dépôts, pour faire un crédit à un pouvoir public. Dans un deuxième temps, la banque émet 50 millions d'euros de covered bonds couverts par ces crédits. Troisième temps : cette somme refinance le crédit qui a été octroyé, ce qui libère les dépôts qui avaient été mobilisés au départ. Quatrième temps : ces dépôts peuvent donc servir à octroyer un nouveau crédit à un autre pouvoir public…

Lorsque le cabinet de conseil McKinsey aide Dexia à rédiger son plan stratégique en 2006, il souligne que ce marché pèse plus de 5 000 milliards de dollars et que le groupe peut donc aller y puiser tant qu'il veut. Dexia crée au fil du temps trois véhicules afin d'émettre des obligations sécurisées : Dexma en France (qui avait fin mars 2012 un portefeuille d'obligations sécurisées de 64 milliards d'euros), Dexia Lettres de gage au Luxembourg (qui avait fin 2011 un portefeuille de lettres de gage, des obligations sécurisées à la luxembourgeoise, de près de 5 milliards d'euros) et Dexia Kommunalbank Deutschland (qui avait fin 2011 un portefeuille de *Pfandbriefe*, des obligations sécurisées allemandes, de 33 milliards)[78].

78. Dexia est un pionnier de ces obligations sécurisées. Avant d'entrer chez Dexia pour assurer *in fine* la direction de DCL et des activités de financement des pouvoirs locaux jusqu'en juin 2008, Bruno Deletré était sous-directeur au Trésor, et il est un de ceux qui sont à la base de la loi de juin 1999 qui a créé les obligations foncières, les covered bonds à la française.

Lorsque Dexia met en place ce système de financement au début des années 2000, « le groupe ne se doute pas qu'il va souffrir d'un double problème, explique Alexandre Joly, membre du comité de direction à partir de 2008[79]. D'une part, Dexia n'est plus tout seul dans ce marché, qui va fortement se développer en dix ans. D'autre part, du côté des investisseurs, on commence à trouver qu'il y a un peu trop de concentration ». En 2007, en effet, l'encours mondial des covered bonds atteint 1 700 milliards d'euros[80].

Avec la crise des subprimes et la faillite de Lehman, le marché va émettre de sérieux doutes sur la qualité générale des crédits immobiliers et sur la solidité des grands établissements financiers. Ce qui donne un coup d'arrêt au marché des covered bonds, qui ne recommencera timidement à redémarrer qu'au printemps 2009. Entre-temps, Dexia est tombé.

Ouvrons une parenthèse: aujourd'hui, les covered bonds sont redevenus un instrument extrêmement populaire auprès des banques. D'autant plus populaire que les investisseurs rechignent encore à prêter de l'argent aux banques sur leur seul renom, car la crédibilité générale du secteur a été sérieusement écornée depuis 2008. Pour prêter, le marché réclame des garanties. Les banques sont donc tenues de réaliser de plus en plus d'opérations de « financement sécurisé » comme des covered bonds (ou des prises en pension auprès de la Banque centrale européenne ou de banques privées). L'idée est toujours la même: pour être sûr d'être remboursé, un investisseur demande à la banque de mettre un actif en gage. Cet actif peut être un paquet de crédits de très bonne qualité ou des

79. Entretien avec l'auteur.
80. Estimations de la BRI (Banque des règlements internationaux).

obligations. Les grandes injections de liquidités de la BCE en novembre 2011 et février 2012 ont été effectuées sur ce principe : les banques devaient apporter des titres en garantie. Mais, si de plus en plus d'actifs sont mobilisés, il y a donc de moins en moins d'actifs libres dans la banque. Ce qui apeure encore les investisseurs : comment prêter à une banque qui a des dettes mais n'a plus de crédits ou d'obligations en portefeuille ? Les agences de notation dégradent leur note, puisque le rating consiste à mesurer la capacité d'une banque à rembourser ses créances « non sécurisées ». Et les banques trouvent encore moins de financements non sécurisés. Une mécanique infernale est enclenchée…

Fermons la parenthèse et revenons à Dexia : au cours de la seconde moitié de la décennie 2000, si les covered bonds constituent une ressource essentielle pour le groupe, ils ne peuvent néanmoins financer qu'une partie du bilan. Les dépôts des clients (une centaine de milliards en 2008) ne sont pas suffisants non plus. Mais il y a une source de financement inépuisable : le marché interbancaire à court terme, celui où les banques en excès de liquidités prêtent celles-ci aux consœurs qui en ont besoin.

Dexia emprunte à trois, deux, un mois, voire au jour le jour, dans ce marché qui paraît avoir une profondeur infinie : les banques centrales, pour soutenir une économie qui donne des signes de faiblesse depuis l'été 2000, déversent des tombereaux de liquidités qui se retrouvent dans le système bancaire : entre 2004 et 2008, la masse monétaire augmente de 10 % par an dans la zone euro. Toutefois, l'impensable arrive à la mi-septembre 2008. Lehman Brothers tombe en faillite, et le marché interbancaire se fige en quelques jours. Or, Dexia y puise 260 milliards d'euros…

Dexia, dont le rating vacille, n'a d'autre recours que de se tourner vers les banques centrales et les États. Au quatrième trimestre 2008, le groupe tire un montant colossal – 122 milliards d'euros – auprès des lignes normales et des lignes d'urgence des banques centrales. Et l'on constate que Dexia ne s'est pas assuré de disposer de suffisamment de financements stables.

Ne pas disposer en suffisance de financement stable et s'adresser pour des montants gigantesques au marché interbancaire était une erreur monstrueuse, mais ce n'était pas la seule.

Donnez-moi un levier...

« Je n'oublierai jamais la première chose que Pierre Mariani m'a dite lorsque nous sommes arrivés chez Dexia en octobre 2008 : "Ce n'est pas une banque, mais un hedge fund[81]". » Le matin du lundi 10 octobre 2011, quelques

81. Les premiers hedge funds apparaissent aux États-Unis dans les années 1930. Leur stratégie consiste notamment à acheter des actions dont on pense qu'elles vont monter, et à vendre à découvert (c'est-à-dire sans les posséder au moment où on les vend) les actions dont on pense qu'elles vont baisser. La vente à découvert permet ainsi de vendre au prix d'aujourd'hui des actions qu'on se procurera demain dans le marché pour les livrer à celui qui les a achetées. Si, entre-temps, le cours de l'action a baissé, on est gagnant. Ainsi le fonds est couvert (*« hedged »* en anglais) : d'un côté il achète des actions, de l'autre il en vend. Il peut gagner de l'argent même si la Bourse baisse, mais à condition que l'action qu'il achète baisse moins que l'action qu'il vend.
Par la suite, le terme de « hedge fund » désigne des fonds spéculatifs qui peuvent mener des stratégies beaucoup plus diversifiées que les fonds classiques mais qui sont réservées à une certaine catégorie d'investisseurs. Si Dexia est comparé à un hedge fund, c'est parce que sa stratégie s'apparente parfois à celle de ces fonds. Le groupe achète des actifs à très long terme et les finance par du court terme, il couvre intégralement son risque de taux, il a recours à un fort effet de levier (peu de fonds propres au regard de la taille de ses actifs), etc.

heures seulement après que le conseil d'administration de Dexia, qu'il préside, a acté la vente de Dexia Banque Belgique et scellé la fin du groupe, Jean-Luc Dehaene débute sa conférence de presse par ces quelques mots.

Quand Jean-Luc Dehaene compare le groupe à un hedge fund, il pointe du doigt le formidable « effet de levier[82] » que celui-ci a mis en place. Dexia, tout au long de ses dernières années, s'est développé avec très peu de fonds propres : entre 2005 et 2008, son bilan a toujours pesé entre 35 et 37 fois plus que ses fonds propres. Certes, Dexia n'était pas la seule institution à présenter de tels ratios. La plupart des grandes banques, profitant d'une régulation laxiste, usent et abusent de l'effet de levier : en 2007, Fortis a un rapport fonds propres/bilan de 1 à 40, BNP Paribas de 1 à 31... En revanche, ce qui est propre au groupe franco-belge, c'est d'avoir constitué entre 2005 et 2008 un monstrueux portefeuille d'obligations qui va lui empoisonner la vie.

C'est en 2004 que, sous la houlette de Pierre Richard, le département TFM (Trésorerie et marchés financiers) crée un portefeuille baptisé CSP (credit spread portfolio), officiellement pour servir de réserve de liquidités : en cas de coup dur, Dexia peut apporter ces titres en gage à la banque centrale pour recevoir de l'argent. Peu après, vers 2006, quand le groupe est dirigé par Axel Miller, le groupe développe un portefeuille PSP (public sector portfolio),

82. L'effet de levier, fondé sur l'endettement, est la différence entre le coût de l'endettement et la rentabilité des activités que l'on finance grâce à cet endettement. Si une entreprise conserve le même niveau de capital mais augmente son endettement pour développer ses activités, la rentabilité du capital s'accroît naturellement. L'augmentation de l'effet de levier explique que, dans les années 2005-2007, la rentabilité du capital des banques atteignait souvent une vingtaine de pourcents.

regroupant des titres émis par les pouvoirs publics. En quelques années, ce portefeuille obligataire va doubler de taille, mais va aussi générer deux fois plus de revenus : de 114 millions d'euros en 2005, il contribue aux revenus de 2007 à hauteur de 250 millions d'euros.

Toutefois, cette martingale n'est pas sans risque. « Ce portefeuille était démesuré au regard des fonds propres, soulignera Pierre Mariani devant le Parlement belge. Entre décembre 2005 et décembre 2007, ce sont plus de 60 milliards d'euros de portefeuilles obligataires qui ont été accumulés. Soixante de plus ont été constitués entre décembre 2007 et octobre 2008. Par rapport aux autres banques, cela représentait vingt-cinq fois nos fonds propres. La plus extrême en Europe derrière nous était Commerzbank, avec un peu moins de sept fois. Pour tous les autres, cela représentait moins de cinq fois leurs fonds propres[83]. »

Bientôt, avec la crise, le risque se matérialise. « Imaginons une banque qui a des fonds propres de 15 milliards et un portefeuille d'obligations de 200 milliards, d'une durée de dix ans. Si les spreads[84] augmentent de 100 points de base (100 points = 1 %), la valeur de mon portefeuille baisse de 10 % (10 ans x 100 points), explique Alexandre Joly, adjoint de Pierre Mariani. Soit 20 milliards, et je me retrouve avec des fonds propres comptables négatifs de 5 milliards. »

83. Dexia avait un portefeuille obligataire de 162 milliards d'euros en septembre 2008, à quoi il faut ajouter 32 milliards d'obligations servant à sa gestion de bilan, une vingtaine de milliards pour les assurances, etc. En tout, donc, environ 220 milliards d'euros, sur des fonds propres comptables qui, en juin 2008, atteignaient 8,6 milliards.

84. Les spreads de crédit mesurent la prime de risque, la prime entre une obligation censée être sans risque, comme par exemple une obligation de l'État allemand, et une obligation de même durée d'un autre État ou d'une entreprise.

Certes, si Dexia ne vend pas ses obligations, ces pertes ne sont que virtuelles. Mais l'évolution des fonds propres est un paramètre que les analystes et les investisseurs regardent avec beaucoup d'attention. Surtout quand le climat s'alourdit.

Face à ces moins-values latentes, Dexia constitue ce que le groupe appelle dans son jargon une réserve AFS (*« available for sale »*, autrement dit des « titres disponibles à la vente »). Cette réserve mesure ce que Dexia encaisserait comme pertes si jamais – hypothèse virtuelle – la banque devait vendre son portefeuille à un moment donné. Cette réserve se gonfle à mesure de la dégradation des marchés : elle atteint 7 milliards en juin 2008 et 13,7 milliards en décembre de la même année[85]. Or, selon les normes comptables internationales IFRS, ces moins-values latentes viennent en déduction des fonds propres. Ainsi, en juin 2008, après la prise en compte des réserves AFS, les fonds propres qui étaient initialement de 15,6 milliards d'euros tombent à 8,6 milliards.

En revanche, les normes des régulateurs bancaires sont différentes. Ceux-ci considèrent que, même si les prix de marché fluctuent, l'émetteur remboursera toujours ses obligations. Voilà pourquoi, alors que les fonds propres comptables de Dexia se sont réduits à mesure de

85. Si, en norme comptable internationale IFRS, une banque doit marquer ses actifs selon la valeur qu'ils ont dans le marché, elle peut aussi marquer ses passifs à cette même valeur de marché. Si les spreads s'élargissent, il y a, au côté actif du bilan, une perte (les actifs que j'ai achetés hier valent moins aujourd'hui). Mais côté passif, en revanche, il y a un gain (l'obligation que j'ai émise pour me financer hier, si je devais l'émettre aujourd'hui, me coûterait plus cher). Certaines banques ont donc réaménagé leurs résultats de la sorte. FSA, la filiale américaine de Dexia, a par exemple usé de cette possibilité. Mais le nouveau management de Dexia, après octobre 2008, ne l'a plus utilisée.

l'avancée dans la crise, les fonds propres réglementaires sont restés élevés.

Ce portefeuille obligataire ne ronge pas seulement les fonds propres comptables. Il aggrave aussi fortement les problèmes de liquidités. Car, en achetant des obligations à long terme (dix, quinze ans) et en se finançant à court terme, Dexia prend une position de taux intenable. Si les taux courts se relevaient subitement, Dexia devrait tout à coup payer beaucoup plus pour se financer, et les revenus de ses obligations ne lui rapporteraient peut-être plus assez pour assumer des coûts de financement. Le groupe risquerait d'encaisser des pertes colossales. Pour éviter ce risque de taux, Dexia décide donc de se couvrir et de transformer les taux fixes payés par son portefeuille en taux variables.

Cependant, en éradiquant le risque de taux, Dexia, sans le savoir, ouvre une nouvelle brèche dans la coque : le groupe accroît son risque de liquidité. Car ces swaps de taux sont adossés aux portefeuilles obligataires. Et, si la valeur de ceux-ci baisse, les contreparties de Dexia peuvent lui demander, on l'a vu précédemment, des garanties supplémentaires, qui vont aggraver encore le problème de liquidité du groupe – et continuer à le miner encore aujourd'hui[86]. Un problème de liquidité que Dexia ne diagnostique pas avant l'été 2008. Quelques mois auparavant, en rédigeant le rapport annuel 2007, le management se félicite encore de sa gestion au cours de cette année déjà passablement turbulente. Il salue « la solidité de la liquidité de Dexia, grâce à une approche conservatrice de sa gestion. Dexia a ainsi surmonté la crise sans aucun

86. En juin 2012, les exigences en collatéral des contreparties de Dexia s'élevaient à près de 40 milliards d'euros, sur un besoin total de financement court terme de 70 milliards.

dommage, renforçant par ailleurs sa position commerciale et ses revenus ».

« La leçon à retenir, souligne Alexandre Joly, est que, lorsqu'une banque constitue par effet de levier un portefeuille démesuré, elle rencontre tous les risques en même temps » : risque de moins-value sur son portefeuille, risque de taux, risque de liquidités...

L'or des Amériques

Un autre point central du modèle de Dexia consiste à aller chercher sa forte croissance bénéficiaire ailleurs qu'en Europe. Rappelons rapidement les étapes : lors de sa constitution, en 1996, le groupe était déjà présent à New York, Londres, Vienne et Berlin. À partir du mariage franco-belge, les choses s'accélèrent. En 1996, Dexia s'installe au Portugal et en Scandinavie ; en 1997, en Italie ; en 1998, en Irlande et en Espagne ; en 2000, il achète FSA aux États-Unis et prend pied en Slovaquie ; en 2001, ce sont les aventures néerlandaises et l'installation en Israël ; en 2004, Dexia est en Australie et en Pologne ; en 2005, au Mexique, au Canada, en Roumanie et en Bulgarie. Et en 2006, outre l'acquisition de Denizbank en Turquie, Dexia ouvre des bureaux au Japon, en Chine, en Inde, en Hongrie et en Suisse.

Cela lui permet de doubler en six ans son portefeuille de crédits aux pouvoirs publics : de 150 milliards d'euros en 2001, il passe à 322 milliards en 2007. Mais le profil de ces crédits est également de plus en plus dangereux. Ainsi, en novembre 2007, Dexia acquiert auprès de la banque britannique Bradford & Bingley un portefeuille de 7 milliards de livres de crédits aux logements sociaux en Grande-Bretagne. Des crédits sur trente-cinq ans, alors que Dexia n'a pas, pour les financer, de dépôts en sterling. Mais la banque est aveuglément confiante en sa capacité de trouver toujours et partout le financement nécessaire.

Un autre portefeuille de crédit pour lequel Dexia n'avait pas le premier centime de financement est aussi constitué aux États-Unis. Ce sont les SBPA (standby bond purchase agreement), ces lignes de crédit de confort proposées aux municipalités américaines. Le simple fait d'ouvrir une ligne était rémunéré 0,2 %. Une municipalité qui désirait disposer d'une ligne de 10 millions de dollars payait donc une commission de 200 000 dollars. Lorsque le marché de la liquidité se tend, en 2007, cette commission monte à 700 000 dollars. La filiale new-yorkaise du groupe bancaire n'y voit aucun danger. Comme le dit le rapport de Dexia en 2007, le groupe voit dans la crise des opportunités de « renforcer sa position commerciale et ses revenus » ! La filiale new-yorkaise de DCL multiplie donc ces contrats, qui atteignent une cinquantaine de milliards de dollars en 2008. Lorsque survient la faillite de Lehman, les municipalités américaines activent ces lignes de crédit, aggravant elles aussi les problèmes de liquidités de Dexia.

Dans ces implantations étrangères, les États-Unis jouent un rôle particulier. Il faut revenir sur FSA, le rehausseur de crédit acquis en 2000. Les bonnes années, cette société contribue à hauteur de plus de 10 % aux bénéfices totaux du groupe : en 2005, le résultat net de l'assureur américain s'élève à 262 millions d'euros sur un résultat du groupe de 2,04 milliards. En 2006, FSA engrange 316 millions sur un résultat net total de 2,75 milliards… Mais, une fois encore, l'*hubris* est à l'œuvre. Lorsque arrive la crise des subprimes, ce sont surtout ses deux principaux concurrents, MBIA et

Ambac, qui souffrent. FSA en profite pour prendre des parts de marché, et le portefeuille de titres assurés par FSA passe de 377 milliards de dollars en 2006 à 426 milliards en 2007.

Rapidement, FSA est rattrapé par la crise des subprimes : ce portefeuille de 426 milliards de dollars est certes composé de 281 milliards de titres sans risque : les obligations émises par des municipalités américaines. Mais le solde, soit un tiers, est potentiellement toxique car lié aux crédits immobiliers à risque aux États-Unis. FSA assure en effet pour 126 milliards de dollars d'ABS, de créances titrisées, essentiellement des créances immobilières, et possède même un portefeuille de 19 milliards de dollars de titres liés eux aussi aux crédits immobiliers américains.

Car FSA joue aussi au banquier : la société récolte des dépôts et les réinvestit dans des titres censés rapporter davantage que ce que FSA donne comme rémunération aux déposants. Malheureusement, parmi ces déposants, il y a des véhicules de CDO porteurs de dettes qui deviennent toxiques. Lorsque ces véhicules vacillent, automatiquement, ils demandent le remboursement de leurs dépôts : FSA, pour rembourser ses clients, doit vendre les titres achetés avec l'argent des déposants. Mais, malheur, ces titres sont des obligations elles aussi liées aux subprimes, qui ne valent plus que 50 % de leur valeur. La maison mère de FSA doit renforcer le capital de sa filiale et lui ouvrir une ligne de liquidités de 5 milliards de dollars…

Mais pourquoi de tels salaires ?

« Il faut grandir, grandir, grandir, mais qui profite de cette croissance ? s'exclame le syndicaliste belge Luigi Franco.

Voici les rémunérations de Pierre Richard en 2001 : si l'on ajoute le salaire fixe au salaire variable, on se retrouve à plus ou moins 1,1 million d'euros par an. En 2005, à la fin de son mandat, il était pratiquement à 1,8 million, soit 56 % d'augmentation. Si vous parvenez un jour à trouver un travailleur de la banque ou du groupe qui ait eu une augmentation de salaire de 56 %, il mérite une médaille[87] ! » Luigi Franco ajoute : « En fait, ce genre de croissance démesurée permet aux dirigeants de justifier les croissances phénoménales de leurs propres revenus. Axel Miller a été dans la même tendance, si ce n'est qu'à un moment donné on a inversé : le fixe était peut-être plus important que le variable. Pierre Mariani, en 2009, c'était pareil. »

Ce qui fait bondir ce syndicaliste et pas mal d'employés de la base est en effet l'inflation salariale que connaît le top management de Dexia à partir du moment où Pierre Richard prend les commandes. Et cette inflation se poursuit quand il devient, en 2006, président du conseil d'administration et cède le siège de CEO à Axel Miller. Marc Deconinck, le président du conseil du Crédit communal de Belgique, percevait, en 1997, 25 000 euros par an ; François Narmon, en 2001, touche 30 000 euros. « Pierre Richard [en 2006] a eu droit à 400 000 euros. Vous voyez la différence, c'est quand même phénoménal, s'exclame Luigi Franco. C'est huit à dix réunions, le conseil d'administration. »

Certes, lorsque Jean-Luc Dehaene reprend la présidence de Dexia, en octobre 2008, le montant de ses émoluments tombe à 88 000 euros. Mais le débat sur les salaires chez Dexia n'est pas clos pour autant lorsque arrive le nouveau

87. Intervention au Parlement belge.

management. Ainsi, on apprend avec une certaine surprise au début de l'année 2009 que Philippe Rucheton, lorsqu'il est embauché comme directeur financier, a reçu une prime de bienvenue, un *golden hello*, de 500 000 euros. Autre étonnement quand Pierre Mariani, dont le salaire fixe s'élève à 1 million d'euros par an, voit son bonus baisser en 2010. De 800 000 euros en 2009, il passe cette année-là à 600 000. Qu'à cela ne tienne, la baisse est compensée par une prime de fonction (un moyen de rehausser la part fixe du salaire sans devoir payer de charges sociales dessus) de 200 000 euros. Les autres membres du top management bénéficient également de cette prime, qui est en passe de devenir régulière puisqu'elle est également appliquée en 2011. Pierre Mariani, comme les autres membres du top management, ne touche évidemment pas de bonus cette année-là, qui voit le démantèlement du groupe, mais il perçoit encore 1 million de salaire fixe plus 200 000 euros de prime de fonction.

Lorsque l'on interroge Jean-Luc Dehaene, qui présidait le comité des rémunérations de Dexia, sur le pourquoi de cette prime de fonction, sa réponse est assez cynique : « Nous avons suivi les règles que l'on nous imposait. Il fallait plus de fixe et moins de variable. Ceux qui croient qu'en édictant cette règle on va faire en sorte de réduire simplement la part variable sont les naïfs de ce siècle. Dans toutes les sociétés que j'ai suivies, cela s'est fait en augmentant le fixe[88]... »

Face au tollé provoqué par ces décisions, Jean-Luc Dehaene, lorsqu'il est auditionné par le Parlement belge en novembre 2011, avoue avoir commis une erreur

88. Entretien avec l'auteur.

d'appréciation. « Nous avons respecté les règles internes à l'entreprise, mais nous n'avons pas tenu assez compte du contexte social », dit-il, mais il continue de défendre ces hauts salaires : « Quand vous demandez à quelqu'un qui est dans une situation bien confortable de la quitter pour prendre des risques, vous ne le faites pas avec une réduction de salaire. C'est clair que vous expliquez cela plus facilement dans une société anglo-saxonne que dans une société continentale européenne. »

Pourquoi parler des salaires en même temps que du modèle de développement du groupe ? Parce que ce n'est pas un hasard si la hausse des salaires de Pierre Richard puis d'Axel Miller et des top managers est concomitante au développement débridé du groupe.

Dans une étude célèbre, deux chercheurs du Massachusetts Institute of Technology (MIT)[89] ont construit un modèle qui permet de voir comment se bâtit, dans le « marché des CEO », l'équilibre des salaires. La différence parfois substantielle de rémunération entre tel grand patron et tel autre ne traduit pas un écart de compétence ou de qualité. Les deux économistes du MIT ont comparé les qualités intrinsèques d'un large panel de patrons américains de sociétés cotées. Ils trouvent, disent-ils, dans ce groupe de patrons « une faible dispersion des talents ». Autrement dit, ils se valent à peu près tous. Non, l'élément qui détermine le salaire, ce n'est pas le talent du patron, mais la taille du groupe. On parle de la taille, pas de la profitabilité. Et c'est une fonction presque linéaire : « La multiplication par six des rémunérations des CEO américains entre 1980 et 2003 peut être

89. Xavier Gabaix et Augustin Landier, *Why has CEO pay increased so much ?*, aisément consultable sur Internet.

pleinement attribuée à la multiplication par six de la capitalisation boursière des grandes entreprises pendant cette période », affirment Xavier Gabaix et Augustin Landier.

À côté de la création de la zone euro et de la concurrence accrue qu'elle a induite, à côté des révolutions réglementaires qui ont poussé les banques à prendre plus de risques, la politique, consciente ou non, de rémunération du top management est aussi une raison pour laquelle les banques ont grandi au cours des vingt dernières années. Quitte à devenir des monstres incontrôlables. Et dangereux.

Leçon 5
LES CRÉDITS TOXIQUES
Ou pourquoi faire simple quand on peut faire cher et compliqué

On associe souvent Dexia au problème des « crédits toxiques » qui ont été vendus aux collectivités françaises. Ces crédits structurés ont largement contribué à ternir l'image du groupe, en France tout au moins, où le grand public a le sentiment que l'intégralité des emprunts toxiques souscrits par les collectivités l'ont été auprès de Dexia. La banque, et plus particulièrement sa filiale française DCL, a en effet été en pointe dans ce type de crédits (elle a débuté à la fin des années 1990 et en a commercialisé le plus gros montant), mais elle n'a pas été la seule. Les groupes BPCE (Natixis), Crédit agricole CIB, Société générale, Depfa Bank, Royal Bank of Scotland et Deutsche Bank ont également commercialisé des « structures », parfois plus dangereuses. Cependant, pour comprendre le problème, il faut d'abord répondre à cette question: qu'est-ce qu'un crédit structuré?

Un drôle d'animal

Une évidence pour commencer: c'est un crédit qui se distingue d'un crédit normal. Lorsqu'une collectivité souscrit à un crédit normal, elle paie un taux fixe ou variable. Si elle opte pour le taux fixe, elle paie l'équivalent du taux de l'emprunt d'État, majoré d'une petite marge (par exemple, 20 points de base) qui s'explique par le fait que la collectivité n'est pas aussi solide que l'État. Si elle opte pour un taux variable, qui varie grosso modo en fonction de l'inflation, elle paie à chaque échéance (trimestrielle ou annuelle) le taux de référence convenu (généralement le taux Euribor, le taux pratiqué sur le marché interbancaire), majoré de la même petite marge.

Un crédit structuré, c'est un autre animal. Sa durée s'étale, comme les crédits normaux, sur une longue période[90] : dix, vingt, trente ans… Mais sa vie est souvent scindée en deux parties inégales. Au cours d'une première période, dite de bonification et qui dure peu de temps (un an ou deux), l'emprunteur paie un faible taux d'intérêt, voire rien du tout. C'est le cadeau de bienvenue. Le consultant Michel Klopfer, qui fut l'un des premiers à pointer le danger de ces structures, appelle cette bonification le « petit morceau de tarte aux fraises » qui va amadouer l'emprunteur. Au cours de la seconde période, on ne fait plus de cadeau : la structure qui va définir le taux que doit payer l'emprunteur se met en marche, et l'emprunteur paie soit un taux toujours modeste, soit un taux plus élevé, voire beaucoup plus élevé. Tout dépend de la réalisation de certaines conditions.

Prenons un exemple : beaucoup d'emprunts structurés vendus à partir du milieu des années 2000 sont liés à l'évolution du franc suisse. Une petite ville du département des Alpes-Maritimes, célèbre pour ses parfums, en a contracté un bâti comme ceci : si le franc suisse conserve vis-à-vis de l'euro la parité qu'il avait au moment de conclure le crédit, soit une valeur de 1,43 franc pour 1 euro, ou si le franc

---

90. À partir du milieu des années 1990, la durée de vie des crédits aux collectivités s'est allongée, les banques étant à même, grâce au développement des marchés, de proposer des solutions à plus de quinze ans.

suisse s'affaiblit (autrement dit, si l'euro vaut 1,43 franc ou plus), elle paie un taux de 3,5 %. Mais si l'euro faiblit, s'il vaut moins de 1,43 franc suisse, alors une mécanique potentiellement infernale s'enclenche. La collectivité est tenue de payer un taux calculé selon cette formule : 2,95 % + 48,75 % x [(1,43/cours du franc à ce moment) -1)]. En clair, si l'euro vaut 1,21 franc suisse, ce qui est son niveau en juin 2012, le taux flambe à 11,81 %.

Non seulement l'évolution de l'actif de référence (ici, le cours du franc suisse) est importante, mais la manière de bâtir la formule l'est tout autant. Imaginons que, plutôt que fixer le seuil à 1,43 franc suisse, je le place à 1,30, notre ville du Sud ne paie plus que 6,57 %. En revanche, si je remplace le coefficient de 48,75 % par 100 %, alors le taux dépasse les 21 %...

Formellement, il existe deux types de crédits structurés. Soit la collectivité souscrit directement à un crédit comportant une structure de taux, soit elle souscrit à un emprunt normal (à taux fixe ou à taux variable) puis échange (« swappe » dans le jargon) son taux classique (fixe ou variable) contre un taux structuré. Dexia n'a jamais commercialisé de swaps.

Le rapport de la commission d'enquête de l'Assemblée nationale « sur les produits financiers à risque souscrits par les acteurs publics locaux », présidée par Claude Bartolone (PS) et dont le rapporteur était Jean-Pierre Gorges (UMP), a été, à la fin de l'année 2011, le premier à donner des chiffres assez précis sur l'ampleur du phénomène. Sur un encours de la dette des collectivités locales qui atteint 276,8 milliards d'euros (soit les dettes des administrations publiques locales, des établissements de santé et du logement social), les crédits structurés représentent un peu plus de 32 milliards[91], à quoi il faut ajouter des contrats swaps pour un montant notionnel de 6,5 milliards environ. Toujours selon la commission parlementaire, l'encours des crédits à risque[92] représente 18,8 milliards (dont 15,8 milliards pour les crédits à fort risque), à quoi il faut ajouter 2,5 milliards de swaps considérés comme à risque, donc toxiques.

Il faut être de bon compte : Dexia est loin d'être la seule banque à avoir commercialisé ce type de produits potentiellement explosifs, et n'a pas vendu les plus dangereux. Mais comme le groupe était le leader incontesté du financement des pouvoirs locaux en France, il en a vendu beaucoup : environ les deux tiers de ceux qui ont été commercialisés. Fin 2011, les crédits structurés représentaient encore chez Dexia un encours de 21,9 milliards d'euros. Et sur ces 21,9 milliards, 12,6 étaient considérés par Dexia lui-même comme « sensibles ».

Aujourd'hui, ces crédits structurés ne sont donc pas tous toxiques : selon les statistiques fournies par Dexia, les 21,9 milliards d'encours recensés fin 2011 avaient payé en moyenne un intérêt de 3,98 %. Toutefois, deux observations doivent inciter à la vigilance : d'une part, on sait que, les premières années, le crédit est dans sa période « tarte aux fraises » et porte un faible taux. Les crédits contractés en 2008 ne sortent que maintenant de leur période de

91. 32,125 milliards exactement, répartis sur 10 688 contrats.
92. Selon la classification Gissler, nous y revenons plus loin. Sur ces 18,8 milliards, 1,4 milliard de crédits structurés à risque avaient été souscrits par des communes de moins de 10 000 habitants, 3,6 milliards par des communes entre 10 000 et 100 000 habitants et seulement 0,7 milliard par des communes de plus de 100 000 habitants. Les hôpitaux, de leur côté, avaient 2,7 milliards de crédits à risque. Ces chiffres datent d'octobre 2011, sauf ceux de Dexia, qui datent de fin août 2011.

bonification. L'autre événement, c'est la crise de la zone euro, qui réveille en masse les options sur taux de change qui étaient incluses dans de nombreux crédits structurés, et notamment ceux liés au franc suisse. Cela explique que, si le taux le plus élevé qu'un client de Dexia a dû payer en 2009 et 2010 était de 10 %, il a bondi à 23,5 % en 2011.

Le prix de la tarte aux fraises

L'imagination des banquiers étant insondable, ils ont commercialisé une large panoplie de crédits structurés, bâtis sur les actifs sous-jacents les plus divers : le franc suisse, on l'a vu, mais aussi le yen, le baril de pétrole, un panier d'actions, la différence entre les taux long terme et les taux court terme, l'inflation... Leur complexité est très variable. Certains crédits sont assortis d'un cliquet, ce qui signifie que, dès que l'on atteint le seuil de déclenchement de la « formule », on ne peut pas revenir en arrière même si, l'année suivante, les conditions redeviennent plus favorables. Certains sont plus dangereux encore, avec des effets boule de neige : d'une échéance à l'autre, le taux ne peut jamais redescendre.

Cliquet et boule de neige seront bannis des produits Dexia. Il n'empêche que le groupe, dans ce domaine, a été particulièrement prolifique. Selon Pierre Mariani, « entre 1995 et 2007, le nombre de types de prêts différents proposés par le groupe à ses clients est passé de 3 à 167. Le nombre de prêts avait atteint 223 en 2008. Le groupe commercialisait donc 223 prêts différents, avec les index les plus exotiques. Depuis, nous avons ramené ce nombre à 15[93] ».

93. Audition devant la Commission parlementaire spéciale du Parlement belge.

Au départ, fin des années 1990, début des années 2000, les structures étaient simples. Elles consistaient par exemple à fixer une limite à la hausse et à la baisse du taux. Le pouvoir public payait un taux variable qui ne pouvait, quoi qu'il arrive, être inférieur à 2 % et supérieur à 6 %, ce qui limitait les risques. Puis sont arrivées des structures de plus en plus complexes, comportant un réel pari sur l'évolution des marchés. Une structure assez populaire auprès des collectivités belges et françaises a consisté à parier sur le fait que la « courbe des taux[94] » restera positive. Autrement dit, que les taux à court terme seront toujours moins élevés que ceux à long terme. C'est en effet une situation logique : un investisseur demandera normalement un taux plus élevé pour prêter sur dix ans que sur six mois. Mais il n'est pas rare d'assister à un aplatissement voire à une inversion de la courbe. C'est arrivé lors de la réunification des deux Allemagnes, lorsque la masse monétaire a explosé en Europe, ce qui a conduit à des taux courts très élevés. C'est arrivé aussi plus récemment, en 2007-2008, lorsque les marchés ont craint une flambée d'inflation à court terme.

De nombreuses collectivités ont conclu avec Dexia des emprunts de ce type, tel le « Linear CMS spread 30Y-2Y », qui permettent de payer un taux fixe, par exemple de 3,23 %, inférieur au taux du marché, mais à une condition : que les taux à trente ans soient plus élevés d'au moins 0,5 % que ceux à deux ans, sans quoi la facture flambe. Si le taux à trente ans est de 4 % et le taux à deux ans de 5 %, la collectivité paie alors plus de 13 %. Et si le taux à trente ans est de 1,5 % et le taux à deux ans de 7 %, alors le taux d'intérêt sur l'emprunt s'enflamme et atteint plus de 33 %.

94. Courbe qui décrit à un moment donné les différents taux d'intérêt en fonction de la durée de l'emprunt.

Mais pour quoi faire ?

Que ce soit par le biais de crédits ou de swaps, on peut s'interroger sur la finalité et la justesse de ces paris. Dans l'un de ses rapports, la Cour des comptes évoque par exemple « un établissement de santé [qui] a choisi une indexation sur l'écart entre l'inflation européenne et l'inflation française (lorsque cet écart diminue, le taux du prêt augmente). Il a donc opté pour un index dont l'évolution naturelle tend à maximiser le taux d'intérêt de son prêt, puisque l'existence de la zone euro a normalement pour effet de rapprocher les taux d'inflation des pays membres. L'hôpital a donc choisi un index qui non seulement n'a aucun lien avec son activité mais qui, de plus, apparaît contestable sur un plan économique et financier ».

Contestables aussi, ces crédits qui offraient un taux un peu moins élevé que le taux fixe du moment : en échange, l'emprunteur était tenu de passer au taux variable si le taux variable de référence (Euribor) passait au-dessus d'un certain niveau. « Les collectivités ne comprenaient pas, explique Michel Klopfer[95], que leurs contreparties se couvraient ainsi contre une hausse des taux, et qu'en revanche elles-mêmes ne bénéficiaient pas d'une baisse des taux (puisque leur crédit était à taux fixe sauf quand les taux montaient). »

Surtout, on peut s'interroger sur l'utilité, pour une collectivité française, de prendre une position sur le franc suisse, qui plus est sur vingt ou trente ans ! Or, sur la vingtaine de milliards d'euros (18,8 milliards de crédits proprement dits et 2,5 milliards de swaps) de produits

95. Entretien avec l'auteur.

dangereux, un tiers environ seraient liés au franc suisse, selon Michel Klopfer.

En outre, ces paris, les collectivités ne peuvent pas les gagner tous. Et lorsqu'elles les perdent, le crédit structuré devient toxique. Deux swaps commercialisés par Natixis et Depfa pour le Sidru (syndicat de gestion des déchets) à Saint-Germain-en-Laye ont été abondamment commentés parce qu'ils étaient – surtout le premier – d'une toxicité maximale. Avec Depfa, le syndicat a conclu un prêt sur vingt ans et, plutôt que de payer un taux fixe de 5,10 %, il a échangé ce taux contre un taux fixe de 3,68 % la première année (en 2009), puis, pour dix-neuf ans, un taux composé comme ceci : 4,68 % plus 1,7 fois le maximum de la différence entre l'euro-dollar et l'euro-franc suisse si celle-ci est positive. Si la fixation du taux avait eu lieu au début du mois de juillet, le Sidru aurait été tenu de payer un taux de près de 15 %. Mais que dire du contrat conclu avec Natixis ? Il est lié au franc suisse avec une barrière fixée à 1,41 franc suisse pour 1 euro[96]. Si le franc suisse reste à ses niveaux de début juillet 2012, il devrait contraindre l'emprunteur à payer un taux de près de 38,5 %[97] !

---

96. La formule est la suivante : si, au moment de fixer le taux (et la prochaine fixation a lieu en mars 2013), l'euro vaut moins de 1,41 franc suisse, alors le Sidru devra payer un taux de 3,5 % + 100 % x [(1,6214/le cours du franc suisse à ce moment) -1]. Si l'euro ne vaut plus que 1,20 franc suisse, alors le Sidru devra payer un taux de près de 39 % .

97. Le Sidru n'est pas resté inactif. Pour le swap Natixis, il renégocie son taux année après année, brandissant la menace d'un procès, et il a payé ces deux dernières années un taux d'une dizaine de pourcents. Pour le swap Depfa, le Sidru a cessé tout paiement d'intérêts depuis l'été 2011, période où il aurait dû acquitter un taux de plus de 50 %, et il a assigné Depfa en justice.

Qui gagne, qui perd ?

Certains pensent que la banque qui a commercialisé cet emprunt touche ces intérêts géants. La réalité est un peu plus complexe. Pour comprendre, il faut plonger les mains dans le cambouis de la mécanique financière afin de démonter ces structures.

Reprenons l'exemple du franc suisse et du crédit octroyé au Sidru. Si l'euro vaut 1,41 franc suisse ou plus, le Sidru paie 3,68 %. Si l'euro vaut moins, l'emprunteur paie un taux de plus en plus élevé à mesure que le franc suisse se renforce. Cette évolution asymétrique (tout à coup, si le franc suisse passe une barrière, les taux s'emballent) est en fait une option de change. C'est un instrument de couverture qui permet par exemple à une entreprise qui doit payer un fournisseur suisse quelques mois plus tard de se couvrir contre une hausse de la devise helvétique. Mais quel rapport avec le crédit du Sidru ? C'est que, contractant son prêt, le Sidru a vendu à Natixis, peut-être sans le savoir, un produit financier, une option de change. Il a en effet cédé un instrument qui permet à celui qui l'a acheté de se couvrir contre la hausse du franc suisse : à partir d'un certain niveau, c'est le Sidru qui prend en charge la hausse de la devise (cette prise en charge se traduit par la flambée du taux).

C'est un point crucial : dans pratiquement chaque crédit structuré, il faut se rappeler qu'il y a une option qui sommeille. Une option n'est pas nécessairement synonyme de prise de risque pour la collectivité. C'est comme une assurance : tout dépend de qui la vend et qui l'achète. Dans certains crédits structurés de première génération, des pouvoirs publics ont acheté une assurance et se sont donc couverts. Ils ont par exemple conclu un emprunt à taux variable, mais dont la hausse du taux est limitée à un certain niveau, quoi qu'il arrive, même si, dans le marché, les taux flambent. Cette assurance a un prix, et c'est pour la payer qu'ils ont vendu une autre assurance : ils ont consenti à payer, quoi qu'il arrive, un taux d'intérêt minimum. Ce type de montage a un sens : le pouvoir public a défini consciemment le « tunnel » dans lequel il voulait voir évoluer ses taux d'intérêt. Mais il y a prise de risque lorsque la collectivité vend une option et assume donc le rôle d'un assureur. Répétons-le : c'est parce que cette option est vendue que la collectivité peut bénéficier d'un taux plus bas que celui du marché. En finance, *« there is no free lunch »*, il n'y a pas de repas gratuit.

Le pire, c'est que le risque pris n'est pas nécessairement limité au montant de l'emprunt. Un emprunt de 5 millions d'euros assorti d'une option sur le franc suisse ne fait pas prendre nécessairement à la collectivité un risque de change sur 5 millions d'euros. Ce peut être beaucoup plus, en raison de l'effet de levier compris dans certaines formules. « L'effet de levier, explique Emmanuel Fruchard, professionnel de la finance et conseiller municipal PS de Saint-Germain-en-Laye, c'est le coefficient multiplicateur des formules de taux. Par exemple dans la formule 3,92 % + 7 x (le taux interbancaire du marché de Londres en dollars sur douze mois -7 %), c'est le coefficient "7 x". Il se trouve que, depuis 1992, une circulaire du gouvernement interdit très clairement de faire une opération de gestion de dette sur un montant supérieur à la dette. Les banques ont contourné cette limitation de bon sens par les emprunts à formule. Imaginez que vous ayez une dette de 10 millions d'euros et souhaitiez "jouer" sur 70 millions d'euros. Rien de plus simple : il suffit de faire une formule qui contient 7 x index sur un montant de 10 millions d'euros. De cette manière, le taux à payer sera 10 millions x 7 x index, ce qui est égal à 70 millions x index. Le tour est joué ! »

On ajoutera, et c'est également très important, que la banque qui construit le crédit structuré n'est en général pas le destinataire final de l'option : les banques qui ont commercialisé beaucoup de crédits liés au franc suisse n'avaient pas besoin de se couvrir contre une hausse du franc suisse et n'avaient nulle envie de spéculer sur cette devise. Ces banques ont donc revendu dans le marché l'option qu'elles avaient achetée, les acquéreurs étant de grands groupes très actifs dans les marchés financiers : Goldman Sachs, BNP Paribas, Deutsche Bank...

Quand donc le Sidru voit son taux flamber à 38,5 %, le bénéficiaire n'est sans doute pas Natixis. C'est une autre banque ou une autre institution. C'est l'une des explications[98] au fait que, techniquement, ces crédits structurés soient si difficiles à dénouer : Dexia, RBS, Société générale, bref, les banques qui ont commercialisé ces crédits ne disposent plus de l'option. Lorsque la structure s'emballe, cela signifie que le prix de l'option est en train de gonfler, et la collectivité n'est pas en bonne position pour aller racheter l'option à celui qui la détient et dénouer son crédit structuré : lorsque sa maison flambe, un propriétaire ne va justement pas céder son assurance incendie. Ceci, combiné au fait que les effets de levier sont devenus de plus en plus importants, a pour résultat que les collectivités qui désirent sortir d'un crédit toxique ne le peuvent pas parce que la soulte à payer (autrement dit, le rachat de l'option à celui

98. Ce n'est pas la seule, nous y revenons plus loin.

qui en est propriétaire) dépasse parfois le solde restant dû de l'emprunt !

Selon le cabinet de conseil Finance active, les crédits structurés à haut risque représentaient fin 2011 un encours de 8 milliards d'euros, mais la soulte demandée pour quitter ce crédit, c'est-à-dire le rachat de l'option, s'élevait à 10 milliards !

La faute à la mode ?

Comment en est-on arrivé à vendre ce genre de produits aux collectivités locales ? La première réponse est que la demande a émané des collectivités elles-mêmes, qui, ayant souscrit à des crédits quand les taux étaient élevés, ont voulu bénéficier de la baisse des taux. Elles ont donc demandé des solutions inventives à leurs banquiers. « Depuis plus d'une vingtaine d'années, explique Pierre Richard, ancien président de Dexia[99], les marchés financiers jouent un rôle énorme dans l'économie, avec la banalisation des financements et l'innovation financière. Le secteur local [...] a évidemment souhaité bénéficier des opportunités de marché en pratiquant, dès les années 1980, une gestion active de la dette, conformément aux souhaits des gouvernements successifs d'ailleurs, pour que soit revu l'ensemble des encours dont les taux étaient parfois très élevés : 15 %, 16 %, voire 17 %. Pour répondre à cette demande, Dexia et ses grandes filiales ont donc fabriqué des produits ultérieurement qualifiés de structurés. Telle est l'idée générale qui a motivé la création de ces produits. »

---

99. Table ronde organisée le 15 novembre 2011 dans le cadre de la commission Bartolone.

« C'était la mode, poursuit Pierre Richard[100]. Il faut être clair : les collectivités françaises en demandaient. Elles en demandaient tellement qu'il y avait beaucoup de concurrence, notamment de banques étrangères (RBS, Deutsche Bank...), mais aussi de caisses d'épargne françaises. Les directeurs financiers – ce n'est pas moi qui m'en occupais, je n'étais pas là-dessus, c'était Dexia Crédit local, M. Gérard Bayol – étaient saisis même par les collectivités, particulièrement les grandes, qui leur disaient : "Nous voulons des produits un peu meilleurs que le produit de base, le prêt à taux fixe ou le prêt variable sur l'Euribor, qui nous permettent de mieux lisser notre dette dans le temps, etc." »

Il est vrai qu'avec les lois de décentralisation qui entrent en vigueur dans les années 1980, les collectivités locales sont devenues plus autonomes sur le plan financier : ce n'est plus l'État central qui emprunte. Désormais, ce sont les collectivités qui gèrent leur budget et leurs finances. Les banques ont donc investi ce marché très concurrentiel, qui permettait de capter cette clientèle et de s'ouvrir des opportunités de profits. Puis arrive, avec l'anticipation de l'euro, ce vaste et long mouvement de baisse des taux. Les collectivités veulent en bénéficier. Elles sont toutefois confrontées à un problème : si elles cassent leur crédit pour en contracter un nouveau, elles doivent payer une indemnité de remboursement anticipé à la banque. Indemnité substantielle (elles ont souscrit à des crédits à long terme, sur dix, vingt, voire trente ans) qu'elles rechignent à payer. « Pour ne pas les payer, et c'est là le péché originel, on les intègre dans les structures des nouveaux produits, souligne Aulde Courtois, conseillère auprès de Pierre Mariani,

100. Cette fois devant la Commission parlementaire belge.

spécialement en charge de la gestion du dossier "crédits structurés" chez Dexia. Le coût de ces indemnités est donc absorbé dans la structure du nouveau crédit. Comme les taux ont continué à baisser, les collectivités ont renégocié ces premiers contrats structurés, avec, de nouveau, des indemnités de remboursement anticipé à payer, qui ont été intégrées dans une nouvelle structure[101]... »

Il faut ajouter à cela que l'évolution chaotique des marchés financiers a démultiplié les risques. En 2005-2006, les banques commercialisent en effet énormément de structures qui sont des paris sur une courbe des taux normale, et donc sur des taux longs plus chers que des taux courts. Mais, en 2007-2008, les marchés commencent à craindre une remontée des taux des banques centrales (c'est l'époque où les matières premières flambent sous l'effet de la demande chinoise). La courbe des taux s'aplatit, puis s'inverse : les taux courts deviennent plus chers que les taux longs et les crédits structurés s'enflamment. Les collectivités qui ont des crédits liés à la courbe se plaignent et les renégocient pour prendre des structures sur les taux de change que, fort opportunément, les banques leur proposent. Elles parient donc sur la fermeté de l'euro face au franc suisse.

C'est là qu'intervient la crise grecque, qui devient vite, en 2010, la crise de la zone euro et qui s'accompagne d'une hausse spectaculaire de la devise helvétique. On ajoutera qu'au fil de ces renégociations (nombre de collectivités ont revu trois ou quatre fois leurs crédits depuis 2006) les risques pris par les collectivités se sont démultipliés. Pour une raison assez simple : les indemnités de rupture des anciens contrats s'additionnant, il fallait pour les payer que

101. Entretien avec l'auteur.

les collectivités vendent des options de plus en plus chères et prennent donc davantage de risques.

Une observation à ce stade : on ne dira pas que les collectivités ont été piégées et que les marchés savaient ce qui allait se passer, mais il faut se rendre compte que, si les collectivités ont tant acheté de ces produits, c'est qu'il y avait un marché pour les options qui étaient derrière. Autrement dit, il y avait assez de demandes dans les marchés financiers pour prendre le pari inverse à celui qui avait été fait par les collectivités et se couvrir contre un aplatissement de la courbe des taux ou contre une hausse du franc suisse.

À la marge

L'appétit de certaines collectivités pour les crédits structurés n'explique cependant pas leur popularité foudroyante en France. Il y a une autre raison : ces crédits représentaient une manière pour les banques de répondre à la baisse de leurs marges sur les crédits à taux fixe.

Certes, les banques, et Dexia en particulier, nient avoir effectué un effort commercial ciblé. « Chez Dexia Crédit local, affirme Gérard Bayol, ancien directeur général de DCL, nous avions trois cents commerciaux – un nombre à peu près constant sur toute la période – pour accompagner les collectivités locales : répondre aux appels et en assurer le suivi. On ne peut donc pas parler de démarche massive ; c'était une démarche récurrente de suivi des différents clients[102]. » L'argument n'est pas convaincant. De la fin des années 1990 à 2008, toutes les banques, Dexia inclus, ont clairement poussé en France les collectivités

102. Audition devant la commission Bartolone, le 15 novembre 2011.

à renégocier leurs crédits « normaux ». Interrogé par la commission Bartolone, Jacques Descourtieux, directeur général de Finance active, a noté qu'entre 2004 et 2008 ses clients ont transmis à sa société, pour demande de conseil, huit mille propositions de réaménagement de la dette reçues des banques et sept mille propositions de nouveaux financements, comportant des produits structurés. Certaines collectivités auraient reçu jusqu'à dix propositions en sept mois !

On a d'ailleurs une autre preuve de cet effort commercial ciblé en analysant la différence entre les entités françaises et belges de Dexia sur ce dossier. En Belgique, ces crédits structurés sont apparus bien plus tard, et n'ont pas le même degré de toxicité qu'en France. Une seule commune de la région bruxelloise, Schaerbeek, a rué publiquement dans les brancards lorsque certains de ses crédits, et surtout un emprunt qui jouait la courbe des taux (le pari était que le taux à trente ans reste supérieur au taux à deux ans), ont commencé à mal se comporter en 2007.

Si les communes belges n'ont pas été démarchées à l'époque, c'est bien en raison d'une position commerciale des banquiers belges de Dexia. « Un jour de 1997, un magicien de la finance, Homi Rahmani, vient nous présenter ces produits structurés, explique une source belge. Au comité de direction du Crédit communal, personne n'y comprenait rien. Ces produits étaient réalisés par des ingénieurs doués en maths. La banque pouvait gagner 25 ou 50 points de base, avec un risque réduit. » L'activité de financement du secteur public pour le groupe était alors dirigée par Jacques Guerber, « lequel vient me trouver pour me dire que ses produits structurés marchent du tonnerre et qu'il faudrait réfléchir à la manière de les commercialiser en Belgique », se rappelle Guy Schifflers, le responsable du financement des communes belges. Mais ce dernier n'est pas chaud du tout. Il répond que ces produits ont une évolution aléatoire qui ne correspond pas aux besoins des pouvoirs locaux belges, lesquels ont tendance à prendre des produits à amortissement constant, avec des charges d'intérêts prévisibles sur plusieurs années. Face à l'insistance de Jacques Guerber, la demande est toutefois discutée en comité de direction du Crédit communal, d'abord de manière informelle, lors des « petits-déjeuners du mardi » qui réunissent chaque semaine les membres du comité de direction de la banque belge. C'est de nouveau un refus.

Du côté français, on insiste: le jour même du rejet, Pierre Richard téléphone à François Narmon. Le point est mis formellement à l'ordre du jour du comité de direction, qui, quelque temps plus tard, campe sur ses positions : il est unanime à dire officiellement non. Mais les responsables vont changer, la mode des produits sophistiqués va se faire plus insistante. Les produits structurés, avec quelques années de retard, envahiront aussi la Belgique. Ils resteront cependant cantonnés aux produits de première génération, en offrant des structures sur la courbe des taux. On ne vendra pas aux communes belges de crédits liés au baril, au yen ou au franc suisse.

« On touille l'encours »

Certes, aujourd'hui, les banques, parmi lesquelles Dexia, disent qu'elles ne gagnent pas plus sur un crédit structuré que sur un crédit normal. Mais, de l'aveu même d'Axel Miller, ces produits étaient vraiment très lucratifs :

« L'activité de produits structurés, ce que Jacques Guerber appelait de manière cynique la “gestion de l'encours” – “on touille l'encours” était l'expression –, permettait de compenser la perte de marge à l'origination de crédit par l'émission de produits structurés qui avaient des marges, pas toujours visibles par le client d'ailleurs, supérieures. »

Cette gestion de l'encours, cette volonté, à l'époque, de remplacer un crédit normal par un crédit structuré, est soulignée par Olivier Nys, directeur général des services de la ville de Reims et de Reims Métropole, et... ancien banquier[103] : « L'ensemble des prêts à taux variable vendus depuis 2005 l'ont été à perte : tout reposait sur la capacité à réaménager et à réinstaurer une marge. Dès 2006, j'avais écrit un article à ce sujet dans *La Gazette des communes*, en recommandant aux communes d'accepter une marge et de ne pas emprunter au taux Euribor majoré de 0,01 % ou 0,02 %, car un taux aussi faible signale un prêt fait à perte, et le prêteur voudra reconstituer sa rentabilité. Pour ce qui est des prêts structurés, le sommet de ceux qui ont été commercialisés en France, c'est un prêt sur quarante ans, dont vingt ans à taux nul et vingt ans avec une option qui ne s'est pas encore déclenchée mais se déclenchera un jour ; on imagine le risque pris ! Mais c'est irrésistible pour un profane, ou quand on sait qu'on laissera à ses successeurs le soin de se débrouiller de tout cela. Il s'est agi avant tout d'une guerre commerciale qui a entraîné une escalade dans la prise de risque, à l'aide d'un marketing très élaboré. La puissance de feu des banques est grande, leur force de conviction tout autant. »

103. Table ronde dans le cadre de la commission Bartolone du 18 octobre 2011.

La belle rentabilité des crédits structurés est également constatée par les experts du cabinet Finance active. Si, ces dernières années, un crédit normal génère une marge de 20 à 30 points de base[104], les crédits structurés, eux, procurent 70 à 90 points[105]. Comment? Simplement parce que la banque prend sa marge sur la revente de l'option. La banque qui commercialise le crédit, on l'a vu, achète aussi une option à son client, mais elle l'achète à bon prix et la revend plus cher dans le marché : « Les établissements prêteurs ont revendu avec profit à des banquiers de marché (Lehman Brothers, Goldman Sachs, Morgan Stanley...) les options qu'ils avaient achetées à vil prix à leurs clients publics », confirme le consultant Michel Klopfer.

Ajoutons que certains cabinets de consultance ont également poussé au crime et joué un jeu dangereux en se rémunérant sur les « gains », ou l'apparence de gains, qu'ils faisaient toucher à la collectivité à court terme. Ce qui, une fois encore, incitait à des montages du genre « tarte aux fraises ». « Je peux vous dire, assure Michel Klopfer devant la commission Bartolone, que j'ai refusé de participer à certaines consultations pour des missions d'assistance à maîtrise d'ouvrage financière, notamment celles de Saint-Étienne métropole et de Rouen. Constatant que la rémunération proposée était exclusivement proportionnelle aux gains budgétaires de la première année, j'ai proposé un taux de 0 %, au risque de devoir travailler bénévolement, et j'ai signalé à ces collectivités qu'il était très dangereux de

104. Souvenons-nous : 1 % = 100 points. Donc une marge de 20 points de base signifie percevoir 2 euros pour 1 000 euros prêtés.
105. Selon Patrice Chatard, directeur général de Finance active, interrogé par la commission Bartolone, les marges réalisées sur les emprunts structurés « atteindraient au minimum 60 centimes, et vraisemblablement 80 à 90 centimes [sur 100 euros], voire davantage, à la fin de la période ».

faire objectivement de leur conseil un allié de la banque, en l'intéressant aux gains réalisés en leur défaveur. »

Gestion de crise

Lorsque les premiers incendies se déclarent avec l'inversion de la courbe des taux en 2008, le problème des crédits structurés gagne l'arène politique. En novembre 2008, une réunion sous le patronage des ministres de l'Économie et de l'Intérieur regroupe les représentants des banques et des collectivités. Un rapport est demandé à l'Inspection des finances. Il est rédigé par Éric Gissler, qui le remet en février 2009 et l'accompagne d'une charte de bonne conduite et d'une classification des crédits en fonction des risques[106]. À partir de ce moment, une « nouvelle culture » règne dans les banques, qui bloquent la commercialisation de ces crédits. Dexia, en novembre 2009, est la première institution à adopter la charte.

106. Selon cette classification, les produits à risque sont les suivants : 5B, 5C, 5D, 2E, 3E, 4E, 5E et les crédits « hors charte ».

Classification Gissler

	Indices sous-jacents		Structures
1	Indices zone euro	A	Taux fixe simple, taux variable simple, échange de taux fixe contre taux variable ou inversement, échange de taux structuré contre taux variable ou taux fixe (sens unique). Taux variable simple plafonné (cap) ou encadré (tunnel)
2	Indices inflation française ou inflation zone euro ou écart entre ces indices	B	Barrière simple. Pas d'effet de levier
3	Écarts d'indices zone euro	C	Option d'échange (swaption)
4	Indices hors zone euro. Écart d'indices dont l'un est un indice hors zone euro	D	Multiplicateur jusqu'à 3 ; multiplicateur jusqu'à 5 capé
5	Écart d'indices hors zone euro	E	Multiplicateur jusqu'à 5

Le groupe publie en outre une série d'engagements, notamment :

– ne proposer à ses clients aucun nouveau crédit les exposant à des risques sur le capital de leurs emprunts ou sur certains indices à risque élevé (matières premières, actions, devises, indices hors OCDE) ;

– toujours proposer à ses clients des solutions alternatives, à taux fixe et à taux variable, à toute nouvelle offre de crédit structuré ;

– convenir avec les responsables financiers des collectivités de leur profil acceptable de risque financier et fournir systématiquement une analyse de la structure des produits et de leur fonctionnement, mentionnant clairement les inconvénients et les risques des stratégies proposées, une analyse rétrospective des indices sous-jacents, une simulation du taux payé selon l'évolution des indices sous-jacents, au travers de scénarios de stress.

Dexia décide aussi de confier à des personnalités[107] la mission de s'assurer que les règles de commercialisation de ses crédits structurés « contribuent aux exigences d'une gestion équilibrée et autonome des finances publiques locales ».

Cette « nouvelle culture » est un fait. Mais il reste, et c'est le plus délicat, à gérer les anciens produits qui tournent mal. Les collectivités et les banques, dont Dexia, se sont engagées dans un lourd travail de « désensibilisation » qui consiste à abaisser le risque du crédit, soit en le transformant à taux fixe, soit en abaissant sa catégorie de risque selon l'échelle Gissler. On notera qu'il s'agit parfois d'opérations cosmétiques : un retour à un taux fixe pendant un an ou deux, moyennant un allongement du crédit, et donc du risque – mais, dans certains cas, l'effort est réel. Saint-Étienne, qui avait en 2007 un encours de 265 millions de crédits structurés à risque[108] (ce qui représentait 70 % du total de son endettement), n'en avait plus fin 2011 que 118 millions (soit 33 % de sa dette). Évidemment, les crédits qui subsistent sont les plus dangereux.

En ce qui concerne spécialement Dexia, le groupe a, depuis 2009, réalisé 1 500 opérations de « désensibilisation ». Et la gestion des contentieux apparaît relativement maîtrisée jusqu'à présent. Certes, pas mal de négociations ont été tenues en suspens en raison des problèmes internes de Dexia. Mais, sur les 2 291 clients de Dexia qui ont un crédit sensible, seuls 26 ont assigné la banque[109].

107. Michel Bouvard, député de Savoie, président de la commission de surveillance de la Caisse des dépôts et consignations ; Bernard Cieutat, président de la chambre honoraire à la Cour des comptes ; Jean-Louis Fort, ancien secrétaire général de la Commission bancaire.
108. Saint-Étienne a engagé une procédure contre RBS et Deutsche Bank.
109. Chiffres fournis par Dexia et arrêtés au 18 mai 2012.

Les quelques cas très médiatisés de petites communes prises à la gorge et qui vont en justice en refusant de payer (telle Sassenage, dans l'Isère) sont donc relativement restreints. Aujourd'hui.

Car le problème n'est pas réglé pour autant : on pourrait assister à une multiplication des procédures, à la fois parce que certaines collectivités, la crise de l'euro s'aggravant, seront davantage tentées d'aller au contentieux. Ensuite parce que, du côté de Dexia Crédit local, qui est désormais une banque dormante, il n'y a plus de raison d'avoir une attitude « commerciale » et conciliante, puisque la banque n'octroie plus de nouveaux crédits. Elle pourrait donc adopter une position plus ferme à l'égard des collectivités qui refusent de payer leurs intérêts.

Au risque d'augmentation des contentieux s'ajoute un « risque législatif ». En février 2012, Claude Bartolone et Jean-Pierre Gorges ont déposé une proposition de loi, cosignée par vingt-cinq membres de la commission d'enquête sur les crédits structurés, qui vise entre autres à limiter la charge d'intérêts, qui ne pourrait désormais pas plus que doubler. Dexia a estimé que le coût de cette proposition de loi, pour son portefeuille de 5 milliards d'euros de crédits structurés « hors charte Gissler » liés à une fluctuation de change (donc, surtout, les crédits liés à l'évolution du franc suisse), se monterait à 4 milliards d'euros ! Dexia a également calculé que, s'il devait transformer tous les crédits « hors charte » qu'il a octroyés (il s'agit d'un encours de 5,8 milliards d'euros) en crédits standards portant un taux d'intérêt de 5,5 %, l'opération coûterait 4,2 milliards d'euros.

Il reste donc une sérieuse ardoise. Qui va l'assumer ? Comment ? Non, le dossier des crédits structurés n'est pas clos.

Épilogue
GÂCHIS, DÉSORDRE ET FRUSTRATION

Le démantèlement de Dexia, décidé dans la nuit du 9 au 10 octobre 2011, ne clôt pas l'histoire du groupe. Dexia existe encore, mais en tant que banque résiduelle. C'est une grande maison fissurée dont il faut éteindre une à une les lumières avant de verrouiller définitivement la porte et de la vouer aux pics des démolisseurs. Avec un portefeuille de crédits qui courent encore parfois sur plus de trente ans, la liquidation sera longue et douloureuse.

À l'heure de boucler cet ouvrage, début juillet 2012, le tandem constitué par Pierre Mariani et Jean-Luc Dehaene a rempli son contrat et remis sa démission[110], et le Belge Karel De Boeck, ancien top manager de Fortis, s'apprête à endosser les habits de CEO du groupe.

En neuf mois, entre la décision de démanteler Dexia en octobre 2011 et la fin juin 2012, Pierre Mariani a cédé Dexia Banque Belgique à l'État belge pour 4 milliards d'euros, et Dexia BIL au fonds qatari Precision Capital et à l'État luxembourgeois pour 730 millions d'euros. Dexia a aussi vendu les 50 % qu'il détenait dans la joint-venture spécialisée dans la conservation de titres qu'il avait créée avec Royal Bank of Canada. La banque canadienne a repris les parts de son partenaire franco-belge pour 837 millions d'euros. Le 8 juin 2012, Dexia s'est aussi défait de sa pépite turque, Denizbank, au terme de trois nuits de négociations intenses ; la banque russe semi-publique Sberbank

110. Pierre Mariani continuera à œuvrer pour le groupe jusqu'à la fin de l'année 2012 en présidant le conseil de deux entités en partance : Denizbank et Dexia Asset Management.

a acquis l'institution pour un montant qui avoisine les 3 milliards d'euros[111].

Fin juin, DAM, la division d'Asset Management, était également en passe d'être vendue ; et le difficile montage avec la Caisse des dépôts et la Banque postale pour alléger Dexia du risque des crédits structurés accordés en France et pour créer une nouvelle banque destinée à donner du crédit aux collectivités locales n'attendait plus que le feu vert de la Commission européenne. L'opération, si elle a lieu, se traduira certes dans les comptes par une perte d'1 milliard d'euros, mais elle permettra aussi de dégonfler le bilan d'environ 65 milliards d'euros et de réduire les besoins de liquidités à court terme du groupe d'une dizaine de milliards.

Les discussions initiées fin août 2011 ont en effet débouché en février 2012 sur un accord pour créer deux structures. La première est une coentreprise détenue à 35 % par la Caisse des dépôts et à 65 % par la Banque postale, et qui serait une sorte de nouveau Crédit local : cette institution ferait des prêts aux collectivités. La seconde reprendrait Dexma, cette filiale de DCL dans laquelle sont logés les crédits « sensibles ». Cette nouvelle banque sera détenue par l'État français (31,7 %), la Caisse des dépôts (31,7 %), Dexia Crédit local (31,7 %) et la Banque postale (4,9 %). Et le portefeuille de crédits à risque sera garanti par Dexia, qui bénéficiera à son tour d'une contre-garantie de l'État français[112]. Le prix de la cession de Dexma à cette nouvelle

111. Le montant précis ne sera connu que lors de la clôture de l'opération.
112. Dans le schéma proposé et qui doit être validé par l'Europe, Dexia garantit un portefeuille de crédits sensibles de 10 milliards d'euros. Le groupe franco-belge garantit aussi les pertes sur l'ensemble du portefeuille de crédits de Dexma si celles-ci dépassent 10 points de base (soit 0,1 %) du total de l'encours. Comme le portefeuille de Dexma

entité est de 380 millions d'euros, mais ce schéma doit encore, en ce début d'été 2012, être validé par la Commission européenne, qui hésite à donner son aval en raison de deux éléments : la contre-garantie de l'État français, qui constitue une nouvelle aide d'État, et la présence de Dexia dans la structure qui va reprendre le portefeuille de crédits.

La Banque postale n'a pas attendu la décision de la Commission sur ce dossier, elle a débloqué en juin 2012 une enveloppe de 2 milliards d'euros pour répondre à une demande pressante. Car la disparition de Dexia du paysage a laissé un vide : pratiquement aucune banque n'a repris ce métier de prêteur aux collectivités françaises. Pourquoi ? Parce que les nouvelles règles prudentielles de Bâle III, qui doivent entrer en vigueur ces prochaines années, seront sensiblement plus contraignantes : les banques devront mettre davantage de fonds propres en regard des crédits aux pouvoirs publics. Du coup, ce métier n'apparaît plus rentable et les banques françaises, déjà frileuses depuis le déclenchement de la crise, boudent ce marché public.

La disparition de Dexia du monde bancaire a déclenché une série d'effets collatéraux dévastateurs. En Belgique, la chute finale de la banque a provoqué l'explosion de deux de ses grands actionnaires : le Holding communal et Arco, le véhicule financier du Mouvement ouvrier chrétien. Les deux avaient misé la plus grande partie de leurs moyens sur Dexia, et sont donc contraints aujourd'hui à la liquidation. Mais la conséquence la plus frappante est que, des mois

---

atteint environ 70 milliards d'euros, Dexia intervient donc lorsque la perte dépasse 70 millions. Et Dexia est lui-même garanti par l'État français sur le risque qu'il prend en garantissant le portefeuille de crédits sensibles de 10 milliards. La France exercerait sa garantie, après une franchise de 500 millions que doit assumer Dexia, sur 70 % des pertes. Autrement dit, la France apporte une garantie de 6,65 milliards sur ce portefeuille.

après le démantèlement, l'histoire du groupe continue de refléter l'image de l'Europe telle qu'on l'a vue poindre dans la crise grecque : un conglomérat d'intérêts divers et variés incapables de s'entendre.

Survie précaire

Aujourd'hui encore, certains en France ont des mots très durs pour condamner le rachat de Dexia Banque par la Belgique, vécu comme un coup de poignard dans le dos. L'opération n'a-t-elle pas considérablement aggravé le problème de Dexia ? N'a-t-elle pas eu pour effet de priver Dexia de 24 milliards d'euros de financement court terme (c'est la ligne que Dexia Banque Belgique octroyait à sa sœur française Dexia Crédit local) et d'obliger Dexia à acter une perte de 4 milliards d'euros ?

En Belgique, on rétorque que Dexia Banque – rebaptisée Belfius depuis lors – était une banque systémique, et que, pour éviter un mouvement de panique des déposants, mouvement qui commençait à poindre, la nationalisation était la seule solution. La France, elle, ne comprend pas pourquoi la Belgique a fragilisé la position d'un groupe que le pays garantissait à hauteur de 60,5 %. Les comptes montrent en effet que la situation du groupe s'est sensiblement précarisée. « C'est clair, déclare Pierre Mariani le 23 février à Paris, en marge de la conférence de presse de présentation des comptes annuels, notre capacité à absorber des chocs importants a diminué. » C'est un euphémisme : Dexia clôt son exercice 2011 sur une perte abyssale de 11,6 milliards d'euros, causée essentiellement par la cession de Dexia Banque (4 milliards), celle de Dexma déjà intégrée dans les comptes (1 milliard), les obligations grecques (3,4 milliards) et la vente du portefeuille américain de Financial Products (1,9 milliard).

Certes, grâce à cette purge, le bilan s'allège. Il passe en un an de 567 milliards (fin 2010) à 413 milliards d'euros (fin 2011). Il tombe à environ 300 milliards si l'on inclut les autres actifs que Dexia cédera quelques mois plus tard (Denizbank, notamment). Mais les fonds propres sont sérieusement mis à mal : fin 2011, les fonds propres totaux sont négatifs de 320 millions d'euros, et les fonds propres réglementaires « de base » (Tier One, dans le jargon) sont passés en un an de 18,4 milliards à 6,3 milliards, soit un ratio de solvabilité qui chute de 12,4 à 6,1 %.

Au printemps 2012, en présentant ces résultats dans le rapport annuel 2011 du groupe, Pierre Mariani et Jean-Luc Dehaene l'expriment noir sur blanc : la survie de Dexia au cours des prochains mois n'est assurée que si certains éléments sont réunis. « La mise en œuvre jusqu'à son terme de la restructuration du groupe repose sur un certain nombre de conditions, écrivent-ils. En particulier, cela suppose la validation par la Commission européenne du plan qui lui sera soumis par les États, incluant l'obtention d'une garantie des États à hauteur de 90 milliards d'euros, couvrant les besoins de financement du groupe à terme. La rémunération de cette garantie à charge du groupe Dexia est supposée suffisamment faible pour permettre de mener à son terme la restructuration du groupe », ajoutent le CEO et le président de Dexia. Le message est clair : si la Commission européenne ne valide pas le mécanisme de garantie des États, et si les États exigent, en rémunération de ce mécanisme, une somme trop élevée, Dexia pourrait être forcé de rendre les armes et de se mettre en liquidation. Ce qui supposerait l'activation des garanties des États et un risque important que la Belgique et la France doivent payer 90 milliards d'euros aux créanciers du groupe. Une bombe financière.

Dexia, en vitesse de croisière, est à même de dégager un bénéfice d'un montant du même ordre que celui du coût des garanties (500 millions d'euros). Cependant, si ce bénéfice est siphonné par les États, le groupe ne peut pas renforcer ses fonds propres ni utiliser ce matelas supplémentaire pour accélérer la vente de ses actifs. Le moindre choc pourrait donc lui être fatal.

Les autorités françaises sont en phase avec ce raisonnement : autant ne pas percevoir de paiement pour les garanties si cela peut accélérer le dégonflement du bilan et limiter les risques. La majorité des administrateurs belges ou français pensent de même. Les autorités belges, en revanche, raisonnent autrement : elles ne désirent pas faire une croix sur des commissions qui constitueraient pour elles un revenu régulier de 200 à 300 millions d'euros, bien utile pour équilibrer le budget de l'État. Surtout, elles éprouvent une réelle frustration à devoir garantir pour des montants très importants les financements de Dexia alors que le groupe est désormais réduit à sa banque française, DCL.

Les frustrations belges à l'égard du management français de Dexia datent de bien avant le démantèlement d'octobre 2011. Dès la crise de l'automne 2008, la Belgique a le sentiment que la fuite en avant du groupe a été causée uniquement par le management incontrôlé de Dexia Crédit local à Paris, et que la partie saine du groupe, Dexia Banque Belgique, en a été la première victime.

En outre, supportant mal leur mise sous tutelle, une série de top managers belges quittent le groupe entre 2009 et 2011[113]. Début septembre 2011, quelques semaines avant le démantèlement, la démission du patron de Dexia Banque Belgique, Stefaan Decraene, fait d'ailleurs l'effet d'un coup de tonnerre. La gestion de Pierre Mariani et de ses équipes est également critiquée par certains en Belgique. On leur reproche de ne pas avoir cédé en 2009, avant la crise de la zone euro, les deux grosses filiales italienne et espagnole de DCL, Crediop et Sabadell, ce qui aurait dégonflé largement d'un seul coup la taille du bilan. Pourtant, on l'a vu, le management a bien tenté de céder ces deux entités et a même mandaté pour cela une banque d'affaires italienne, mais personne n'en voulait.

La commission parlementaire belge qui s'est penchée de novembre à mars sur les conditions du démantèlement du groupe n'a d'ailleurs relevé aucune faute de gestion du management entre octobre 2008 et l'été 2012. « Les comptes rendus des conseils d'administration du groupe démontrent que le management, et singulièrement M. Mariani, montre une attitude extrêmement prudente vis-à-vis [du] risque [de l'évolution de la crise de la dette souveraine], voire souvent prémonitoire », soulignent même les experts mandatés par les parlementaires belges.

Il n'empêche : la frustration belge est bien là, et elle se double du sentiment d'avoir mal négocié lors du second plan de sauvetage d'octobre 2011.

113. Véronique Thirion (directrice des ressources humaines), Marc Huybrecht (responsable informatique), Hugo Lasat (responsable du pôle gestion d'actifs) et Xavier de Walque (directeur financier).

Un trop lourd fardeau

Lors du premier sauvetage, la Belgique avait pourtant accepté sans rechigner d'endosser 60,5 % du poids des garanties. Mais, en trois ans, la situation s'est vraiment détériorée. La crise de la zone euro, la dégradation de la note des États, la récession… Tout cela a mis à mal le crédit des États. Pour la Belgique, garantir 60,5 % de 90 milliards, c'est un risque de 54 milliards d'euros (il est même de 57 milliards si l'on tient compte du montant des intérêts), ce qui représente 17 % de son PIB. À Bruxelles, on nourrit donc l'espoir à peine secret de renégocier l'accord conclu en octobre afin de répartir différemment la charge de la garantie entre les pays. Aussi assiste-t-on au printemps 2012 à certaines manœuvres belges pour forcer la main de Paris en profitant de la vacance de pouvoir qui accompagne les quelques mois précédant l'élection présidentielle. Fin avril, l'administrateur de la Trésorerie, Alexandre de Geest, envoie un courrier à Hervé de Villeroché, responsable du financement de l'économie au Trésor français[114]. L'objet de la missive : le retard pris dans la cession de Dexma et les « manquements » constatés dans la mise en œuvre de l'accord d'octobre 2011. La tactique est claire : il s'agit de montrer, puisque l'accord n'est pas respecté, qu'on peut tout remettre à plat, y compris la répartition des garanties. Et cette renégociation peut s'effectuer sous l'égide de la Commission européenne, qui a reçu le plan de restructuration de Dexia fin mars et qui planche dessus. Ce qui hérisse le plus à Paris, d'ailleurs, ce n'est pas la lettre, mais le fait qu'une copie ait été envoyée à la Commission !

114. Voir les articles des journaux *De Tijd* et *L'Écho* du 15 mai 2012.

Quelques jours après l'envoi de ce courrier incendiaire se tient, le 9 mai, l'assemblée annuelle de Dexia, qui, là aussi, est le théâtre d'un psychodrame franco-belge. Une partie des actionnaires publics belges, en l'occurrence la Région flamande, décide en effet de voter contre la décharge aux administrateurs. Pour éviter que la Belgique parle d'une voix discordante, les deux autres Régions (la Wallonie et Bruxelles) ainsi que l'État fédéral s'abstiennent lors du vote. Fureur des administrateurs français du groupe, et le conseil d'administration qui devait se tenir dans la foulée est annulé.

Une autre tentative de pression intervient à l'occasion de la prolongation des garanties temporaires dont bénéficiait Dexia dans l'attente d'une décision définitive de la Commission sur son dossier. Après le second plan de sauvetage d'octobre 2011, les États actionnaires de Dexia ont en effet demandé à la Commission l'autorisation de pouvoir déjà octroyer des garanties au groupe : plus personne ne voulait lui prêter sur son seul crédit. La Commission a accepté du bout des lèvres : il a fallu qu'aux alentours de Noël 2011 la Banque de France et la Banque nationale de Belgique écrivent une lettre musclée à la Commission pour qu'elle accepte la mise en place d'un mécanisme temporaire de 45 milliards d'euros.

Or, à l'approche du 31 mai 2012, date d'échéance de ces garanties temporaires, les marchés financiers se sont de nouveau emballés. Les taux allemands ont fortement baissé, et les besoins de liquidités de Dexia ont donc augmenté. De 61 milliards d'euros fin mars, ils avoisinent alors les 70 milliards. Pierre Mariani et Jean-Luc Dehaene écrivent aux États qui doivent introduire ce dossier de prolongation à la Commission européenne : il leur faudrait non pas 45 milliards, mais 55 milliards d'euros. Blocage belge : ces 10 milliards supplémentaires, dit la trésorerie belge à Dexia, sont la conséquence du retard que vous mettez à céder Dexma. Fin mai, la Belgique, la France et le Luxembourg envoient donc chacun de leur côté une lettre à la Commission avec des demandes qui ne concordent pas : la Belgique s'en tient à 45 milliards. Face au ridicule de la situation et aux besoins réels de Dexia, qui, fin mai, a épuisé pratiquement tous les instruments mis à sa disposition, les banques centrales française et belge écrivent aux gouvernements. Chacun rappelle alors sa lettre, et les trois pays se mettent enfin d'accord pour notifier à la Commission un relèvement de la garantie à 55 milliards !

Les autorités européennes ajoutent leur grain de sel. En accordant, au début du mois de juin 2012, le prolongement de la garantie temporaire pour finalement 55 milliards d'euros, le commissaire Joaquin Almunia, en charge de la Concurrence, stigmatise en effet le management du groupe. Il pointe « l'incapacité avérée » de ce dernier et demande aux États de le changer ! Du jamais vu dans les relations entre États et Commission.

La charge est incompréhensible si l'on s'en tient au seul constat de ce qui a été fait en trois ans : Dexia a vendu davantage d'actifs, et plus vite que prévu. Le groupe s'est défait de ses actifs toxiques américains avec quinze ans d'avance. Et les immenses besoins de financement à court terme – 260 milliards d'euros – qui avaient causé sa perte en 2008 ont été réduits à la portion congrue : les financements court terme ne représentaient plus que 96 milliards fin 2011 et 70 milliards fin juin 2012. « Dexia, par la taille de son bilan, par la nature de ses risques, était le Lehman Brothers européen, souligne Pierre Mariani. Une faillite, fin 2008, aurait déclenché un séisme au moins aussi important que celle de Lehman. Notre plan de résolution ordonnée des difficultés structurelles du groupe, parce qu'il a été préparé, a permis d'éviter un sinistre majeur[115]. »

Cette attaque européenne, si elle révèle l'absence d'atomes crochus entre les négociateurs des deux camps, est également symptomatique : elle traduit le fait que la Commission considère encore Dexia comme une banque en activité, susceptible d'entrer en concurrence avec les autres banques européennes. Pour la Commission, cela pose un problème de concurrence déloyale puisque Dexia est soutenu à bout de bras par les États. C'est pour cela que les autorités européennes estiment qu'il est nécessaire que Dexia paie une rémunération importante pour les garanties dont le groupe bénéficie et signifie son profond désaccord avec le management.

Syndrome grec

Dexia, dans les faits, est pourtant une banque en cours de dissolution, qui n'a plus d'activité et dont les actionnaires sont déjà totalement « rincés ». En quoi existe-t-il encore un problème de concurrence ? Cela a-t-il un sens de la pénaliser financièrement au lieu de chercher à l'aider à disparaître rapidement et sans casse ?

Cette approche du problème rappelle immanquablement celle dont a souffert la Grèce. On a également voulu imposer à ce pays des mesures inadéquates et inutilement pénalisantes. Dans le dossier grec comme dans celui de Dexia, on trouve des acteurs qui pensent qu'il est

115. *Le Soir* du 20 octobre 2011.

prioritaire de pénaliser le fautif avant de lui donner une chance de survie. On continue à exiger des taux d'intérêt de la Grèce alors que l'on sait que le pays ne peut pas les payer. De même, demander à Dexia de débourser l'équivalent de son bénéfice annuel afin de payer les garanties des États aggrave le problème plutôt qu'il ne le résout.

Or, cette mauvaise approche est d'autant plus dramatique que Dexia, comme la Grèce, constitue un enjeu financier majeur qui, s'il n'est pas correctement traité, risque de provoquer un effet domino dévastateur. Si Dexia devait tomber, les garanties des États devraient être activées, et le poids qui reposerait sur les épaules des contribuables belges, français et luxembourgeois serait très, très lourd.

Le dossier Dexia pointe aussi des manquements majeurs en terme de régulation européenne : si aujourd'hui la Belgique se sent prise au piège dans le sauvetage d'une banque trop grande pour elle, si la France rechigne à faire davantage, si la méfiance pourrit les relations entre États, c'est parce que chaque État doit peser continuellement chaque décision à l'aune de son intérêt personnel. Plutôt que travailler ensemble à la solution la plus efficace pour éradiquer le risque Dexia, la Belgique préfère une recette budgétaire immédiate, et la France fait tout pour alléger son risque à court terme.

On se prend à rêver à ce qui se serait passé si, au moment où Dexia est tombé, il y avait déjà eu une union bancaire européenne avec une régulation forte séparant clairement les activités de banques d'affaires et de banques de dépôt, et avec un fonds de recapitalisation européen. Sans doute, même si cela coûtait un peu plus cher, aurait-on créé, pour résoudre le problème de Dexia, une structure de cantonnement où l'on aurait logé ces gros portefeuilles obligataires trop lourds à porter. L'essentiel des métiers de Dexia aurait pu être sauvegardé au sein du groupe. Avec encore un peu de valeur pour l'actionnaire (même si ce n'est pas l'essentiel), mais surtout moins d'inquiétude pour les États, moins de rancœur dans les équipes et une faculté beaucoup plus grande de ce groupe débarrassé de ses actifs à problèmes à absorber les chocs.

Cela n'a pas été le cas. Dexia est resté ce « miroir de banquier » qui, aujourd'hui encore, nous renvoie une image de grand gâchis. Un miroir auquel on aimerait tourner le dos une bonne fois pour toutes, afin de fixer son regard, comme les Arnolfini immortalisés par Jan Van Eyck, sur un spectacle plus sage et apaisant.

ANNEXES

[illegible]

[illegible]

[illegible]

[illegible]

[illegible]

LES PRINCIPAUX ACTEURS

Jean-Luc Dehaene (1940). Homme politique belge, un des chefs de file des démocrates-chrétiens flamands (parti baptisé aujourd'hui CD&V). Il a été Premier ministre de la Belgique entre 1992 et 1999. Il est appelé à présider le conseil d'administration de Dexia en octobre 2008. Il démissionne de ce poste en juin 2012.

Bruno Deletré (1961). Polytechnicien français, énarque, inspecteur des finances puis sous-directeur au Trésor, il rejoint Dexia en 2001. Directeur général de l'activité de services financiers aux pouvoirs publics, il rejoint le comité de direction du groupe en 2006. Il démissionne en juin 2008 et occupe ensuite un poste à l'Inspection générale des finances jusqu'en 2009, année où il rejoint le groupe BPCE. Il est actuellement membre du comité exécutif de BPCE et directeur général du Crédit foncier.

Jacques Guerber (1949). Ancien élève de Polytechnique et de l'École nationale des ponts et chaussées. Il rejoint la Caisse des dépôts en 1983, devient directeur général du Crédit local de France en 1993 et président du directoire en 2000. En 2003, il est nommé membre du comité de direction de Dexia SA, en charge des services financiers au secteur public. Il devient vice-président du comité de direction de Dexia en 2006. Il remet sa démission en octobre 2008.

Pierre Mariani (1956). Diplômé de l'ENA, HEC et Sciences-Po. Inspecteur des finances, il devient directeur de cabinet de Nicolas Sarkozy en 1993, lorsque ce dernier est ministre du Budget. Il rejoint le groupe BNP en 1997 comme patron de la filiale Banexi, puis comme membre du comité de direction responsable de la banque de détail à l'international. Il devient administrateur délégué (patron) de Dexia en octobre 2008. Il remet sa démission en juin 2012 mais continue d'assurer, jusqu'à la fin de l'année 2012, certaines fonctions au sein du groupe (comme président du conseil d'administration de Denizbank et de Dexia Asset Management).

Axel Miller (1965). Il débute sa carrière d'avocat en 1987 au cabinet Simont & Simont, à Bruxelles, et poursuit sa carrière de juriste en France puis à New York, avant de revenir en Belgique. Il conseille le groupe Dexia en 1999-2000 puis le rejoint en 2001 comme secrétaire général. Membre du comité de direction de Dexia Banque en 2002 puis président du comité de direction en 2003, il succède à Pierre Richard à la tête du groupe en janvier 2006. Il démissionne début octobre 2008 et rejoint la société de Bourse bruxelloise Petercam en 2009, dont il devient le président du comité de direction jusqu'à sa démission, en mars 2012.

François Narmon (1934). Patron du Crédit communal de Belgique de 1979 à 1999. Anobli par le roi Albert II de Belgique en février 1996. Lors de la fusion de Dexia France et Dexia Belgique en novembre 1999, il devient président du conseil d'administration du groupe et le reste jusqu'à sa retraite, en 2006.

Pierre Richard (1941). Ce polytechnicien français prend la direction de la CAECL en 1983 puis devient patron du Crédit local de France. En 1999, lors de la création de Dexia SA, il devient le patron du groupe et le reste jusqu'à fin 2005, puis occupe à partir de 2006 le fauteuil de président du conseil d'administration de Dexia avant d'être « démissionné » le 30 septembre 2008.

LE GROUPE DEXIA EN CHIFFRES

Dexia avant (au 31 décembre 2007)

Taille de bilan : 605 milliards d'euros (651 milliards fin septembre 2008).
Nombre de personnes employées : 36 500.
Capitalisation boursière : 20,3 milliards d'euros.
Fonds propres de base (Tier One) : 16,1 milliards d'euros.
Résultat net : 2,53 milliards d'euros.

Dexia après (au 30 juin 2012)

Taille de bilan : 250 milliards d'euros (après clôture des cessions de la BIL, de Denizbank, de Dexma, de RBC Dexia et de Dexia Asset Management, qui doivent avoir lieu au second semestre de 2012).
Nombre de personnes employées : entre 1 000 et 2 000 lorsque les diverses cessions en cours au premier semestre 2011 seront définitivement closes.
Capitalisation boursière (fin juin 2012) : 300 millions d'euros.
Fonds propres de base (Tier One) fin mars 2012 : 6,1 milliards d'euros.
Résultat net (au 31 décembre 2011) : une perte de 11,6 milliards d'euros.

CHRONOLOGIE

1860. Création du Crédit communal de Belgique (CCB).
1966. Création au sein de la Caisse des dépôts et consignations (CDC) d'une entité spécialisée dans les prêts aux collectivités, la CAECL (Caisse d'aide à l'équipement des collectivités locales).
1987. La CAECL devient société anonyme et est rebaptisée Crédit local de France.
1991. Le CCB acquiert la majorité du capital de la Banque internationale à Luxembourg (BIL).
1993. La CAECL est privatisée et intègre le CAC 40.
1996. Alliance entre le CLF et le CCB qui donne naissance à Dexia. Le groupe est contrôlé par deux holdings cotés en bourse, Dexia France et Dexia Belgique.
Novembre 1999. Offre publique d'échange des actions Dexia France contre des actions Dexia Belgique : les deux holdings fusionnent et forment Dexia SA, société de droit belge. Pierre Richard est nommé administrateur délégué (CEO) et François Narmon président du conseil d'administration.
2000. Acquisition de FSA, numéro trois du rehaussement de crédit aux États-Unis.
2000. Acquisition de la banque néerlandaise Labouchère.
2001. Acquisition de la banque néerlandaise Kempen.
2001. Acquisition en Belgique d'Artesia Bank Corporation.
2004. Tentative avortée de fusion avec Sanpaolo IMI.
2006. Axel Miller devient CEO, Pierre Richard président du conseil d'administration.
2006. Acquisition de Denizbank en Turquie.

30 septembre 2008. Augmentation de capital de 6 milliards d'euros (3 milliards souscrits par l'État belge, les Régions belges et les trois actionnaires de référence belges, 3 milliards par l'État français, la CDC et CNP Assurances). Démission d'Axel Miller et de Pierre Richard.
7 octobre 2008. Pierre Mariani devient CEO et Jean-Luc Dehaene président du conseil d'administration.
9 octobre 2008. La Belgique, la France et le Luxembourg garantissent le financement de Dexia à hauteur de 150 milliards d'euros.
Juillet 2009. Clôture de la vente de FSA.
Février 2010. Accord de la Commission européenne sur le plan de restructuration du groupe.
Juin 2010. Sortie du mécanisme des garanties d'État.
Mars 2011. Mise sous surveillance négative par Moody's.
Mai 2011. Mise sous surveillance négative par Standard & Poor's. En juillet, S&P confirme la note long terme de Dexia et lève sa mise sous surveillance.
Juillet 2011. Moody's abaisse la note à long terme.
3 octobre 2011. Moody's met la note court terme sous surveillance. Le 7, S&P dégrade les notes des trois entités opérationnelles (Dexia BIL, Dexia Banque Belgique et Dexia Crédit local).
10 octobre 2011. Vente de Dexia Banque Belgique à l'État belge.
5 décembre 2011. La Belgique, la France et le Luxembourg s'accordent pour garantir le financement de Dexia à hauteur de 90 milliards.
21 décembre 2011. Accord de la Commission européenne sur un mécanisme de garantie temporaire de 45 milliards arrivant à échéance fin mai.

Février 2012. Accord sur la cession de Dexma à la CDC, à la Banque postale et à l'État français.
Avril 2012. Cession de la BIL au fonds qatari Precision Capital.
Début juin 2012. Accord de la Commission européenne pour prolonger la garantie temporaire jusqu'à fin septembre et la porter à 55 milliards d'euros.
27 juin 2012. Démission de Pierre Mariani et Jean-Luc Dehaene.

REMERCIEMENTS

Merci à Marianne, Léa et Nathan de leur soutien infaillible, de leur infinie bienveillance, de leur amour.

Achevé d'imprimer en août 2012 par Espace Grafic
Pol. Ind. Multiva Baja C/G n° 11 – 31192 Multiva Baja – Espagne
Dépôt légal : septembre 2012